松木邦裕
Kunihiro Matsuki

不在論

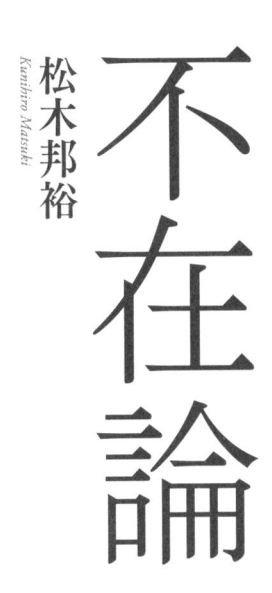

根源的苦痛の精神分析

創元社

	1 定義的 仮　説 Definitory Hypotheses	2 ψ psi	3 表　記 Notation	4 注　意 Attention	5 問　い Inquiry	6 行　為 Action	…n
A　β要素 Beta-elements	A_1	A_2				A_6	
B　α要素 Alpha-elements	B_1	B_2	B_3	B_4	B_5	B_6	…B_n
C　夢思考 夢・神話 Dream Thoughts Dreams, Myths	C_1	C_2	C_3	C_4	C_5	C_6	…C_n
D　前概念 Pre-conception	D_1	D_2	D_3	D_4	D_5	D_6	…D_n
E　概　念 Conception	E_1	E_2	E_3	E_4	E_5	E_6	…E_n
F　コンセプト Concept	F_1	F_2	F_3	F_4	F_5	F_6	…F_n
G　科学的 　　演繹体系 Scientific Deductive System		G_2					
H　代数計算式 Algebraic Calculus							

ビオン〔Bion, W. 1963〕によるグリッド〔see, p.57〕

まえがき

　精神分析臨床での人の体験に迫ろうとする試みを重ねていくなかで、対象の不在という、苦悩の最原初の体験であり、その後の発達期にも不在による喪失の痛みをもたらすものを詳細に検討してみたいとの思いが私を動かした。また、その論述が、精神分析体験、ひいては人の体験の本質——私が思うには、その重要な一部——を、見つめる作業の一助になるのではないかと考えた。ようやく、この試論を起こす地点に私は今日到達したのかもしれない。しかし結果は、私がいまだ到達していないことを浮き彫りにする可能性が大いにある。それでもよいから書いてみた。私の人生に残された時間を考えると、試みること自体は許されるだろう。

　精神分析が、人のどこに注目し、何をなしうるものなのか。精神分析は、医学——なかでも今日の名称をあてるなら神経内科学——の分野に誕生した。このことは、医療行為の動機づけと同じものを、誕生まもない精神分析はもっていたことを意味する。
　そのめざすところは、病気や症状のもたらす苦痛や不幸の軽減・除去、うまく行くなら「治癒」と称される、苦痛や不幸の消失である。実際、精神分析の初期の目標は、症状の除去に置かれた。しかしながら精神分析という方法の厳密な実践は、苦痛の緩和や治癒がその一次的な目標にはならないことに気づかざるをえなかった。精神分析は治そうとするのでもなければ、癒そうとするのでもない。

しかし、それでは精神分析は何を目標にするのか。パーソナリティの統合、適応力の向上、もしくは自我の強化であろうか。それにしても、それらはいったい何を意味しているのか。じつはこの問いへの答えは、フロイトがすでに出していたのである。最初の著書『ヒステリー研究』〔1895年〕の末尾をしめる文章として、フロイトは書いている。

　　あなたはヒステリーのために痛ましい状態にありますが、それをありきたりの不幸な状態に変えるだけでも、多くのことが得られます。そのことには、きっとあなたも納得されるようになるでしょう。そして神経系を回復させれば、そんなありきたりの不幸に対して、あなたはもっと力強く立ち向かえるようになるのです。

　ここにはふたつの変化が示されている。ひとつは、歪んだ、もしくはこんがらがった不幸を、ありきたりの不幸に戻すことである。もうひとつは、その不幸にもちこたえる力を高めることである。ここで不幸を「こころの苦悩」とも言い換えることができるだろう。前者は、不幸・苦痛から目をそらす、逃避するというごまかしをせずに、不幸や苦痛を直に見つめることである。そして後者は、それらの不幸・苦痛をそのまま現実として受け止めておくことである。

　『ヒステリー研究』を著したときには、フロイトはまだ精神分析を創造していなかった。しかし、すでに精神分析という方法がめざすその目標は明瞭に認識していたのである。人が、心身ともに健やかに生きようとするには何が不可欠かに気づいていたのである。その何かを確実に成就するための方法を確立しようとして創り上げたものが、精神分析だったというべきなのだろう。

　それでは、健康に生きるために必要なことは何だとフロイトは認識したのか。それは、生きることが与えてくれる「快楽を享受する能力」だけでなく、生きることに不可避に発生する「苦痛にもちこたえる能力」をもつことである。

　前者に加担するのが、人間が発明したほとんどの産業であり、そこに医療も含まれる。医療が一義的に目標とする苦痛の除去は、まさに快感の獲得と原理的に等価であり、苦痛にもちこたえることを求める

ものではない。それは快を追求する姿勢である。今日、QOL（生活の質 Quality of Life）の向上という標語のもとに、それはさらに勢いを獲得した。

しかし精神分析は、後者に加担することを選択したのである。不可避な不幸・苦痛にもちこたえる能力の強化である。その理由は単純かつ明白である。なぜなら、それがあって初めて、真の健やかな生き方がなし遂げられるからである。それは、苦痛を回避して成就するものでも、快で代償されるものでもない。苦痛であるとしても、現実ならそれを受け入れ現実に沿うよう考えていく二次過程を、こころが維持し続けることである。

人生におけるこの苦痛・不幸の発端は、満足や安心という**快をもたらす対象がいない**ことである。それにしても、この苦痛を回避するだけでなく、「苦痛にもちこたえることで、そこから新しい何かが生まれうる」ということを、人はどのようにして学ぶことができたのだろうか。たとえば、火を怖がらず、また避けるだけでなく、火を使えるようになったのは、どうしてなのだろうか。天災・人災の苦難の事態にも、こころに喪失の苦痛を抱えながら、同じく喪失を体験している人たちに深い心配りができるようになったのは、どうしてなのだろうか。

精神分析がこの目的をめざすことが、精神分析をここまで孤立させ、ここまで「苦痛や不幸にもちこたえること」を精神分析とその実践家たちにも要求するとは、フロイトは気がついていただろうか。彼自身の想像を大きく超えていたのかもしれない。

例によって私の論述は、精神分析臨床と精神分析的思索から一歩も外に出ていない。それは、そこが私のいる場所であり、それ以外の場所で感知されたものも、その場に帰って検討するのが私の流儀になっているからである。だから、精神分析に馴染みの薄い方には、私の論理がひどく独断的――あるいはまったく突飛で奇異――なものに感じられようし、あまりに恣意的すぎると思われる箇所もあるにちがいな

い。けれども、精神分析的な臨床をていねいに実践している方には、それらが得心いくものとして理解されるであろうことを、私は期待している。

　ここに書くものが、精神分析家ウィルフレッド・ビオンの達成に多くを負っていることは改めて述べるまでもない。そして、多くの精神分析家がビオンの思想を真には把握できていないように、私もそうである。それにもかかわらず、私はこの著作をほとんど書き上げたところで、私自身が試みていることはビオン直流の精神分析を構築しようとしている所作のようだと気がついた。もちろん、精神分析であるからには私は、フロイトの理論——心的機能の二原則、対象喪失と喪の哀悼の仕事——、またクラインの理論——投影同一化、ポジション論——を使用している。だが、それらもまた私の認識するところ、ビオンを一度経由したフロイト理論でありクライン理論である。

　ビオン自身は、彼の考えを活用して、怖れながらも自由に進んでみようと私が試み続けることは肯定すると私は考える。答えをもつビオンが存在しているときには、その答えを私は彼に尋ねる。しかるに、彼が**不在**なところから、私自身が考えることが始まるのである。

目次

まえがき　i

第一部　こころの機能のメタサイコロジィ

- I　現象としてのこころ　5
- II　こころの現象に関する理論　9
- III　「精神現象の二原則」論文の紹介と解説　11
- IV　「投影同一化」論の解説　18

第二部　不在の対象

- I　一次過程体験の原型としての対象の不在　27
- II　心的苦痛の現実化としての対象の不在　35
- III　ない乳房の発見——不在の対象の認知　48
- IV　不在の発見　58
- V　不在の認知がもたらすもの——対象の喪失　63

第三部　対象の不在／対象喪失

- I　対象の喪失への対処——失われた対象　71
- II　対象喪失の対処過程——喪の哀悼の過程　81
- III　乳幼児における喪失とその対処——抑うつ態勢　93
- IV　喪の哀悼が実行できるための態勢　100
- V　精神分析臨床における対象喪失と喪の哀悼　107
　　　——抑うつ不安のワークスルー

結論　113

あとがき　117　　　文献　121　　索引　123

カバー写真： 相田 信男

装　丁： 上野かおる

グリッド意匠： Office Hi

不 在 論

—— 根源的苦痛の精神分析 ——

第 一 部

こころの機能のメタサイコロジィ

I
現象としてのこころ

　こ　こ　ろ

　私たち大人が実感する"こころ"とは、具体的な存在であると同時に抽象物でもある。
　「こころは、身体のどこにあるのか？」との問いを向けられたなら、私たちはなんとなく胸部——とりわけ心臓の辺りか胸の中央——に位置しているという感覚を覚えるであろう。苦悩をあらわす表現としてたびたび使われる「胸が痛む」は、そこにある"こころ"が痛むことである。
　だがそれと同時に、解剖学的には"こころ"はそこにはないことも、私たちははっきり知っている。解剖学・神経生理学的には、「中枢神経の集合部である脳にこころがある」と言うのが正確だろう。だが、「こころが痛む」と言って、頭を指さす人はいない。"こころ"は身体という具体的なもののどこにも存在していないことを、私たちは知っている。しかしそれでもやはり胸にそれを感じるのである。こころは、私たち大人にはいわば、**具体的に知覚される抽象物**なのである。——しかしながら、それが乳児や幼い子どもでも同様である、と考えるのは早計だろう。
　大人の私たちは、「こころが空っぽ」「こころが悲しみに満ちている」「こころに喜びがあふれる」とも言ったりするが、そのとき私たちは、胸にある三次元空間のように、"こころ"を具体的な空間領域と感じている。それもまた、**抽象的ながら具体的なもの**なのである。そしてそこには、いまは亡き人々——もしくは、もはや出会うことは

ないだろう懐かしい人々・場所・もの——や、いま気になる人やもの、小説や映画で出会った人やものや場所などなど、膨大な人ともの、すなわち対象が収まっている。そう感じている。それらのさまざまな対象——よい対象、悪い対象、迫害してくる対象、愛情にあふれる対象、怨念に満ちた対象、思いやりを向けてくる対象などなど——が居場所を得て、棲みついているところが、"こころ"なのである。

　このようにやはり、大人の私たちにとっては、"こころ"とは、抽象的なものであることは明瞭に認識している一方で、具体的に感じることを否定できないものなのである。

乳児のこころの機能

　それでは、先ほど指摘した子ども——なかでも生まれたての乳児——では、"こころ"はどうなのだろうか。

　まず、すでに述べた大人の場合のように"こころ"を知覚の対象として客観的に位置づけることは、乳児にはないだろう。こころは、主体の体験として活動していても、それが対象化して見られることはない。乳児のこころは、**生きているこころ**として、ただ活動し機能しているのである。

　そうなら、"こころ"はどのように機能するのか。

　こころは、乳児の消化管や排泄器官を含めて身体各部でさまざまな筋肉が活動するように、機能する。すなわち乳児においては、こころの活動は身体と同じ様式の活動である。このことを最初に明確にしたのもフロイトである。彼は「満足の心地よさ」や「フラストレーションの苦痛」というこころが感知する感覚が、身体の活動に密着して取り扱われていることを見出した。「精神現象の二原則」論文〔1911年〕の脚註にフロイトは次のように書いている〔SE.12 p.220 脚註7-11行〕。

おそらく乳児は、内心の欲求の満足を夢見、高まる刺激と中絶された満足に際して、叫び声やたえずからだを動かすなどの放出のための運動で不快を露わにし、それで幻覚的充足を体験する。

　この記載は、乳児では"こころ"が身体と不可分であり**身体活動そのもの**であることを描写している。尿や便や吐物のように「放散」し、ミルクのように内に入れて「充足」する。また、この主題の代表的な論考である「性欲論三篇」〔1905年〕においてもフロイトは、口という身体部位の筋肉活動を通した快と不快、別の身体部位である直腸・肛門による快と苦痛、さらに性器であるペニス／クリトリスによる快と苦痛が、身体の感覚のみならず、こころの体験でもあることを見出している。

　乳児や幼児においては、原初的身体活動と原初空想は不可分であって、それがまさに乳幼児のこころの活動であり体験なのである。そして原初空想が、それを内に収めるこころが、徐々に身体から分離して感知されてくるその過程を、彼の記載は描いてもいる。

　たとえば、幼児が性器を床や柱に擦り付けて快を得ようとするのは、こころにある苦痛な感覚を消そうとする場合が多いし、青年の摂食障害者が嘔吐するのは、吐くことがこころを楽にすると感じているからである。同じく青年や成人のリストカッティングなどの自傷行為では、こころの苦しみを手首や腕などの身体のものとして消すのである。成長後に認められるそれらは、身体の体験でもこころの体験でもあるのである。そこにはこころの原初状態への回帰がある。

　このように乳児の"こころ"は「快と不快を置くところ」である。
　もしこれを、乳児の**神経末端**が知覚しているだけだという人がいるとしたのなら、その人は、こころという概念を持たないままに大人になったのだろうか。乳児が人見知りを始めるようになり、母親を求めて泣くのは、その母親という対象とのつながりにそもそも安心があるからである。その安心を乳児のこころが感じているし、その安心が通じる「自分のこころと同じ何かが、母親にもある」と無意識裡に認知

されているからである。

　それでは、身体の筋肉活動のように"こころ"が機能するとはどのようなことなのか？
　原初のこころは、口や直腸・肛門やペニス、手足のように活動する。それは、（諸対象を）入れるか、出すかという活動である。
　乳児のみならず、人の身体活動は、身体に必要なものは内に取り込み同化し、不要なもの、害になるものは分離して外に出す。思春期に性活動が活性化されるまでは、事態はそのようにとても単純である。そして、身体に必要なものを取り込むときにも、不要なものを出すときにも、そこに「快」の感覚がともなう。食べる、お腹が満たされる快と尿や便、ガスの排泄の快である。一方、害になるものが体内に入った場合は「不快」の感覚が発生する。痛み、熱発、嘔気といった類いである。その不快は、吐いたり、下したりという出すことで解消される。
　同様に原初の"こころ"も身体の筋肉活動のように、「快」は内に取り込み、「不快／苦痛」は外に排出する。「快」が得られることは安らぎを感じさせ、「苦痛」の体感の増大はみずからが崩壊に曝されていると破局を味わわせる。乳児の身体が必要な栄養物を内に多くとり入れて、身体の機能を向上させ身体の健康を高めるように、こころも、充たされた安らぎをこころに多くとり入れることで、こころの機能を向上させ、こころの安らぎを高める。
　一方、身体が栄養物を必要なだけ摂られないなら、栄養失調で身体そのものもその機能も衰弱する。"こころ"も同様である。安らぎを必要なだけとり入れられないなら、こころそのものやその機能は衰弱する。また、毒物や細菌やウィルスを含めた身体に害をおよぼすものが嘔吐や下痢による排出で対処できず過剰に貯まるなら、その身体は衰弱や死に至る。"こころ"も同じである。こころに苦痛なものの過剰な蓄積は、こころを崩壊させ、こころの死に至らしめる。
　このような乳児のこころが、最初の人生体験を日々重ねながら発達していくのである。

II
こころの現象に関する理論

　何かの現象を私たちが感知し、それを理解しようとするときには、私たちには、それをとらえる"枠組み"が必要である。

　ある地域の原住民は、ものを数えるのに「1／2／たくさん」と三区分でしか数えなかったため侵入してきた西欧人はそれを利用して、三つという「たくさん」と百という「たくさん」を同等に置いて搾取したとのことだが、しかしそれでも、その数え方はやはり数えるための枠組みだったである。まして見えない、音のしない、臭いもない対象である"こころ"を理解しようとするには、何らかの枠組みが私たちに必要である。そうでないと、たやすくこころは「超自然」や「超越」という怪しげな枠に収められてしまう。

　私はここで"枠組み"ということばを使って、"こころ"を認識するための概念や理論のことを言っている。すなわち、本書の主題である《対象の不在》を検討するために、その前提とする"こころ"の概念や理論を提示することから始める。それらの概念や理論を私が精神分析に求めていることは、あらためて述べるまでもない。

　私がここで持ち出す第一の理論は、フロイトが提示した、"こころの機能様式"についての**二原則**である。それは、「心的機能に関する二原則」と呼ばれている。機能から見たこころの活動には、**快感原則（快-不快原則）に従う一次過程**（原初過程 primary process）と**現実原則に従う二次過程**というふたつの異なる基本様式がある、との見解である。

　そしてそこに私は、もうひとつの理論を追加する。それはM.クラ

インが提示し、W. ビオンが精緻に変形した概念、**投影同一化** *projective identification* という「排出型の万能空想」に関する理論である。投影同一化は、快感原則に従う一次過程論をそのダイナミクス——すなわち動的な様態——に関して補充する必須の理論である。

　この両理論になじむことが、本論の理解を進める。
　そこで、それぞれをこれから解説する。これらの理論にすでに馴染んでいる読者は、これからの記述を読む必要を感じないだろうから、飛ばしてしまうのも選択のひとつである。ただしこれらの理論について、読者の視点と私の視点が異なっている可能性はある。

III
「精神現象の二原則」[1]論文の紹介と解説

> （註1）この標題では、論文の邦題として公刊されている《精神現象の二原則》の表現を採用している。しかし前述しているように、本書でこの論文を指すときには《心的機能の二原則》という表現を使う。原著でフロイトは Geschehens の単語を使用しているところに、英語版 Standard Edition〔SE〕でストレイチーは Functioning（機能すること）をあてている。Geschehen は「できごと」「行為」の意味をもつ。独語版から和訳した井村は「現象」と訳出したのである。本論文の内容から判断して、「機能」を私は選択した。これ以降、この論文そのものに言及するときのみに《精神現象の二原則》と表記する。なお、フロイト全集は「生起」という哲学用語を採っている。

論文の要約

　フロイト自身が覚書にすぎないと末尾に述べるこの短い論文〔1911年〕は、神経症や幻覚性精神病という"こころ"に障（さわ）りが生じている人たちに認められる現実検討機能の障害に、私たちの注意をうながすところから始まる。なお、本論文が、「シュレーバー・ケース」と呼ばれる症例に沿って精神病に関する精神分析的見解を著した「自伝的に記述されたパラノイア（妄想性痴呆）の一症例に関する精神分析的考察」〔1911年〕と同じ時期に書かれていることは、銘記されてよいことである。「シュレーバー・ケース」では臨床素材と臨床理論で構成されているところが、さらにメタサイコロジィ水準に精製されて書かれたのが本論文なのである。

　以下、その内容の要約である。

無意識のこころの過程は「快・不快原則」[2]に従う古い一次的な原初過程 primary process〔以下、一次過程〕発育の遺物なのであり、この原則に従う幻覚による満足に失望したことによって、何が現実かを考える「現実原則」が新たに導入された。

> （註2）ここでの不快 unpleasure は、苦痛 pain と置き換え可能な言葉である。ゆえに本書では以後「快・不快原則」と表現することもあれば、「快・苦痛原則」と表記することもある。また「快感原則」とも表記する。三者は同一の原則を指している。

　現実原則の導入後、外界現実の把握は不可欠となり、そのために働く心的機能は活動せざるをえなくなった。外界を知覚する感覚器官の重要性は高まり、その感覚の性質を把握する意識に特別な機能——注意、銘記（表記）notation、記憶、判断——が生まれた。
　こうして快感原則の下での運動による放散は、考える過程 thinking process の介入による行為に変わった（二次過程 secondary process）。この考えることとは、高まっている緊張に心的装置がもちこたえられるようにする性質をもつ、本質的にわずかな支出（放散）でなされる、出費を節約した試験的な行為である。
　こうして快感原則に支配されていた種類の思考活動は、「空想」fantasy として区別されることになった。それは子どもの遊びに始まり、大人においても白日夢として継続する。
　快感原則と現実原則の交代は自我欲動について行われ、他方、性欲動は、自体愛と潜伏期に保護されて現実の禁止に会わず、快感原則の支配に長く留まる。この結果、自我欲動と意識活動のあいだ、性欲動と空想のあいだそれぞれに、緊密な関係ができあがる。ゆえに、神経症に傾く心的素質の本質は、現実を留意するよう性欲動を「しつける」のが遅れたことと、この遅れを生じさせる条件によって、つくられる。
　現実原則による快感原則の置き換えとは、快感原則の廃止を意味するのではなく、むしろその確保を意味する。ちなみに宗教は来世での報酬という約束の下に、現世での快感否定を遂行できるが、結果として快感原則を克服できなかった。この克服に科学は成功したが、知的快感を与え、終局の実際的な利益を約束する。教育は現実原則への変換を促進させようとするものであり、芸術は空想を新しい種類の現実に変容させるという特殊な才能でふたつの原則を和解させる。
　自我が快感‐自我から現実‐自我に変化していくあいだに、性欲動は自体愛から対象愛に至る変化をなす。神経症の発病の型は、素因をつくる発達制止が自我とリビドーのどの発達期に加わるか、という点

にかかっている。

　無意識の（抑圧された）過程は、古い快感原則の支配のままになっている。それゆえ、無意識の空想を無意識の記憶（追想）と識別することはとても困難である。しかし、空想や現実根拠のない罪悪感の意義を軽く見てはならない。

脚　　　註

この論文の脚註に重要な論述がある。それをここに紹介しておく。

　快感原則の奴隷となって外界を無視するような生命体は、わずかのあいだでも生命を保つことができないので、結局は成り立たないだろうという抗議は当然のことである。だが、乳児は――もし私たちが、乳児が母親にしてもらう世話をその乳児に含めるなら――この仮説にあるような体制（快感原則のもとの一次過程――筆者追記）をほぼ現実化することも否定できない。おそらく乳児は、内心の欲求の満足を夢み、高まる刺激と中絶された満足にさいして、叫び声やたえずからだを動かすなどの放出のための運動で、その不快をあらわにし、それで幻覚的充足を体験する。のちに幼児期になって、この放出運動を意図的に表現手段として用いることをおぼえる。乳児の世話は、のちの子どもの養育の原型であるから、本来ならば快感原則の支配は、親から精神的に完全に離れるときに完了するものである。……

解　　　説

　この論文でフロイトは、メタサイコロジィの視点から、ふたつの原理的な"こころの活動様式"を提示している。

　ひとつは、原初的な *primitive* 活動である。すなわち、脚註に明瞭に描かれているように、快‐不快原則に従う一次過程――身体運動による、

快のとり入れ、および不快・苦痛の放散——である。快ととり入れ行為、苦痛と放散行為が直接結びついている。ここでは、意識されることがとりわけ必要とはされない。この活動様式は、こころの発達にともない、次に述べるもうひとつの心的活動様式の影響で、意識下（すなわち無意識）のこころの機能の特性として維持されるようになる。そこに発生する病理現象として、一次過程がこころの活動全般を支配したときの病態が、幻覚・妄想を主徴とする〈精神病〉である。

　もうひとつの心的活動様式とは、注意・銘記・記憶などの意識化された心的機能を使用し、何が現実かを見定めようとする現実原則に従う二次過程である。その最大の特徴は、無意識的なものである**空想すること**と区別される、分化した心的機能を利用して意識的に**思考を考えること**が介在する活動様式であるところにある。

　快感原則に従う一次過程と現実原則に従う二次過程を図式的にみると、つぎのようである【表1】。

　一次過程では、快のとり入れと不快・苦痛の放散が身体活動の唯一の動因であった。一方、二次過程では、**外部について正確に知覚し考えること**に有用な意識的機能をはたらかせたうえで、欲求充足に活用さ

---

1. **快‐不快原則［快感原則］の支配**
　　——無意識の過程（意識されることを必要としない過程）：《一次過程》
　　　　[欲動の発生] ⇒　快の獲得
　　　　　　　　　　　⇒　即座の万能的充足空想・充足のための身体活動
　　　　[不快（苦痛）の発生] ⇒　不快の放出
　　　　　　　　　　　⇒　苦痛の即座の万能的除去・放散のための身体活動

2. **現実原則の支配**
　　——意識機能（注意・銘記・記憶・判断）での過程：《二次過程》
　　　　[欲動の発生] ⇒　現実検討＝（意識的な）知覚機能の介在（注意、銘記、記憶）
　　　　　　　　　　　⇒　考えること（現実吟味）／欲求不満にもちこたえること・判断
　　　　　　　　　　　⇒　充足のための行為、あるいはその中止
　　　　[苦痛の発生] ⇒　現実検討＝知覚機能の介在による検索
　　　　　　　　　　　⇒　考えること（現実吟味）／もちこたえること・判断
　　　　　　　　　　　⇒　苦痛の軽減のための行為

表1．こころの活動を規定する二原則：快‐不快原則と現実原則

れる行為のために身体活動が使われる。こころが二次過程の下にある事態で生じる病態を、フロイトは〈神経症〉とした。

さらに、フロイトが提示した精神疾患と心的二原則の関連を、パーソナリティ障害を含む今日の精神疾病分類を念頭に置いて検討するなら、以下のようになる【表2】。

人間の現象が、無意識を考慮したメタサイコロジィの視点から観察されるなら、あらゆる現象はこの二原則に基づいていると理解される。

ちなみに、ふたりの著名な精神分析家がこの心的機能の二原則論文、とりわけ脚註に着目し、そこから異なる見解を得た。

展　開

この二原則間の移行、すなわち快感原則から現実原則への移行状況を細かに考察したのは、D.W.ウィニコットである。ウィニコットはこの「移行」という状況にこそ、こころの健康な発達も病理もかかっ

	神　経　症	パーソナリティ障害	精　神　病
心の葛藤	保　持 (不快／苦痛)	排　出（放散） (意図して)	排　出（放散） (能力欠落のため)
	↓	↓	↓
現実認知	ambivalence「両価」 現実の受容が困難	avoidance「回避」 現実を意図的に無視	alteration「交換」 現実の拒絶
	↓	↓	↓
	考え込む 考えあぐねる	悩まず行動(排出)で処理 回避行動(ひきこもり) 発散(排出)行動 快感充足行動	世界の書き換え 空想の現実化 (妄想・幻覚) (心の世界の外在化)
二次過程	機能不全	意図の放棄	崩　壊
一次過程	抑　止	意識的使用	無意識的汎用

表2．原則に照らした神経症、精神病とパーソナリティ障害の違い

ていると重要視した。彼の移行空間、移行現象、移行対象、錯覚、遊ぶことという考え方にそれが語られている。

　ウィニコットによれば、乳幼児は、移行空間での現実でも空想でもない遊びの体験において、幻滅／脱錯覚しながら「親から精神的に完全に離れるときに」「快感原則の支配は」「完了する」。すなわち、快感原則は現実原則に取って代わられるのである。ウィニコットによるなら、おそらく健康人は現実原則か両原則の移行状態を生きており、完全に快感原則で生きる事態は精神病であり、（彼のいうところの）病的退行である。

　一方、ビオンは、成長過程において現実原則が支配的になっても、パーソナリティには快感原則に従う部分が確実に分離して残存すると考えた。彼は、個人のパーソナリティは、現実原則に従う**非精神病部分**と、快感原則に従う**精神病部分**に分割されたまま存在し続ける、とみている。すなわち、ひとりの人のなかで、一次過程と二次過程は同時にそれぞれはたらいている。そしてそのどちらが支配的に活動するかによって、表出されている現象の意味が異なってその人に理解される。

　たとえばビオンは、夢という現象について次のように考えた〔Bion, W. 1992〕。夢は、心的な尿や糞の塊りであるが、非精神病部分がはたらいたときには、それは思考——後述するグリッドでのＣ水準〔夢思考・夢・神話〕の思考——となる。他方、精神病部分がはたらいたときには、それは、もの自体——つまり塊りそのもの——であり、具体的に排泄されているだけである。

　彼のこの考えはまた、「精神病者も、現実原則に従う二次過程を保持しておれば、精神病のこころ部分は、健康人の日常にも潜在している」ということを伝えている。狂気も正気も、誰でも内に持っているのである。

　さて、人の在り方に戻るなら、いかなる欲求が生じてきたとしても、それが即座に充足され、満足の快が得られるなら、快感原則に従っていて何の問題も生じない。この一原則で生きていけばよい。問題は、

欲求が生じ高まっているにもかかわらず、その充足がなされず、その結果、フラストレーションが生じ、不快・苦痛が体験されるときである。この状況に対処するため、意識的な知覚機能を高め、現実原則に従う〈二次過程〉が発生してきたとフロイトは述べたわけである。
　それはそうなのであるが、日常臨床に戻るとき、まさに欲求が充足されない苦痛な状況への対処がこころの〈一次過程〉水準でなされているところに、「精神病理」と呼ばれる現象の発生があることが明瞭に見えてくる。すでに述べた精神病の幻覚や妄想、加えてヒステリーの身体化や解離、強迫行為、あるいは自傷、過食、嗜癖、抑うつなどに明らかである。
　フロイトはそれを、蓄積されたエネルギーの運動による放散と生理学的視点から述べた。しかしそれが"原初的なこころの活動"としてはどのようなものであるのかを見ていくことが、こころの臨床にかかわるものの立場から「精神病理」を理解し、その是正にかかわるために必要である。
　それを実行したのが、M.クラインである。そしてそのキーワードが《投影同一化》なのである。

Ⅳ
「投影同一化」論の解説

クラインの投影同一化の提示

　《投影同一化 projective identification》の概念は、クラインによって提示された〔1946年〕。それまでは〈同一化〉という用語は、同じく対象の内在化過程を表わす「とり入れ introjection」とほぼ同義語であった。あるいは〈同一化〉は、とり入れよりもさらに原始的な様式の「内在化」とも見られた。つまり体内化／呑み込み incorporation に近い内在化機制であるとの見解である。いずれにしても〈同一化〉は、外のものを内に入れる内在化の心的方法と見られていたのである。

　しかし快感原則／一次過程を念頭に置くなら、「とり入れ同一化」は、まさに快感原則での心地よいものを即座にとり入れる〈一次過程〉の機制に該当する。それではその一方で、同じ快感原則のもとに、不快なものを放散する〈一次過程〉も存在しているにちがいない。フロイトの表現での放散、すなわち不快なものの「排出」である。この心的排出のダイナミクスに精神分析の臨床経験から行き着いたのが、クラインだった。

　クラインはプレイ・アナリシスという子どものための新たな精神分析の方法を開発したが、その開発過程で彼女は、子どもの遊びは、無意識の空想、なかでも原始的な空想の表出であることを見抜いた。つまり、夢や自由連想と同様な、〈一次過程〉思索の無意識的な表出である。そこでは、フロイトの言う運動によって「不快なものを放散する」一次過程で機能するこころの活動が精密に観察できる。そして、そこで見出したその「排出」のための心的方法を《投影同一化》と

命名したのである。"内なるもの"を排出して"外なるもの"に同化させるこころのはたらきである。人がおこなう**離れ業**的な同一化の発見である。

　たとえば母親——あるいは幼い子ども自身——が言う「痛いの、痛いの、飛んでけー」によって、つまずいて出来た膝の傷の痛みに泣いていた子どものなかの痛みは、子どもの身体のなかから飛んで行き、子どもの痛みはまったく無くなってしまうのである。それはおそらく、母親——とりわけ母親の愛情——のなかに引き取られるのであろう。万能空想の現実化である。

　クラインは次のように記載している〔Klein, M. 1946〕。

　　　　攻撃の一形態は、肛門的な衝動と尿道的衝動に由来し、自己から危険な内容物（排泄物）を母親のなかに排出することを含んでいる。憎しみをもって排出されたこれらの有害な排出物とともに、自我の分割排除された諸部分もまた、母親の上に投影される。あるいは、母親のなかに投影されると言ったほうがいいかもしれない。これらの排泄物や自己の悪い部分は対象を傷つけるだけでなく、対象を支配し所有することも意図されている。

　ここでクラインが述べているのは、プレイ・アナリシスでの子どもの遊びから演繹した、乳児の放散の身体運動とそこに付随している空想との関連、およびそれらのダイナミクスについての対象関係に重きを置いた精神分析理論を使った解説である。

　クラインは、不快・苦痛をもたらす自己部分を切り離し、それを対象に押し込み、対象のものとすることでフラストレーションの苦痛を解消する空想を、乳児が、そして大人の病理部分が抱くことを述べたのだった。

　クラインは原初的なこころ——なかでも妄想‐分裂態勢に特異な分裂機制 *schizoid mechanisms* ——のひとつとして、スプリッティング、原初的理想化とともに、投影同一化を位置づけた。つまり、それはもっぱら病理現象のものであった。しかしその後の臨床研究は、投影同一化はもっと広く使われるこころの機制であり、病理的にも健康なはたらき

としても認められることが認識された〔たとえば Rosenfeld, H. 1971; Joseph, B. 1988〕。

　この《投影同一化》の理論にかかわる重要な展開は、主にビオンによってもたらされた。ビオンは投影同一化を、さまざまな防衛機制と同様な、単に原始的なこころのメカニズムのひとつと捉えるのではなく、**二者間の交流の本質的な部分を担っているこころのはたらき**であることや、その本質が**万能空想**であることを明らかにした〔Bion, W. 1967〕。

ビオンの投影同一化の理解

　クラインの見解を〈一次過程〉との関連で精密に述べたのが、ビオンである。ビオンは《投影同一化》というこころのはたらきを「主体が体験する無意識の**万能空想** unconscious omnipotent phantasy である」と明確に述べたうえで、「乳児にとってはそれが、具体体験としてのこころの活動である」と述べた。

　たとえば飢えという不快——食べ物を摂り入れ、満たされて気持ちよくなるという快が得られないフラストレイティヴな苦しみ——を乳児は「みずからのなかに**苦しみ**という不快なものが具体的に存在している」と体験する。ゆえに、その苦痛という具体物をなんとか体外に排出しようと試みる。それが、全身でもって手足をばたつかせ泣きわめくという乳児のとる行動である。フロイトが「運動による放散」と生理学的に位置づけた行為である。それは乳児のこころにおいては「**苦しみを排出している**」との万能空想の実行／現実化である。

　乳児のこの排出行為——**具体的な投影同一化**という空想——は、現実にそばにいる母親がその行為を目にするとき、手足をばたつかせ泣きわめいている乳児がお腹を空かして苦しんでいることをその母親は読み取り、乳児を抱き上げて授乳するという、苦しみを和らげる対応にあたる行為をみずから起こすかもしれない。

　母親がそうするなら、乳児はお乳を飲むことで、苦しみを減らし、快を得始める。乳児は「不快の放散・排出に具体的に成功した」と感

じ始める。そのとき乳児はお乳を飲みながら、手足を動かし、大便を排泄し尿も排泄することで、「不快なものの排出に完璧に成功した」と感じるであろう。それによって苦しみという**悪い具体対象の破壊・撃退**を完遂し、悪い対象は完全に消滅したと具体的に**外界のできごととして感じる**であろう。これもまた、**万能空想の外界における現実化**である。

ビオンは、本来は空想である《投影同一化》が現実の母親を動かし、それによって、そもそも乳児の空想のなかで実行されていた不快の排出と快の獲得を、外界に現実化することから、この展開を産み出す投影同一化（の空想）を、**現実的な投影同一化**と呼んだ〔Bion, W. 1967〕。

コンテイナー／コンテインド・モデルの追加

こうしてみると、《投影同一化》の理論が、フロイトの快感原則に基づく〈一次過程〉という理論をこころの理論として、とりわけ「不快／苦痛の取り扱い」にかかわる理論を補足していることが理解されるであろう。

述べてきたように《投影同一化》は個体——たとえば乳児——のなかに発生するこころの機能であり、それは独自のダイナミクスをもつ。すなわち、乳児の**外**にそのベクトルは向けられる。そこに受け皿としての母親がいる。こうして《投影同一化》は二者関係に置かれるものとなる。この**相互作用**する二者関係を、ビオンはコンテイナー／コンテインド *container/contained* として概念化した。

その母子関係の交流を**コンテイナー／コンテインド・モデル**に基づいて表示している【図1】が、私たちの理解を促進させてくれるかもしれない。

```
      ○赤ん坊                    ●母親／乳房
 (欲求不満からの)心身的苦痛の知覚      知覚・受け取り・sojourn
 泣きわめく、手足をバタバタする ──具体的な投影同一化→    もの想い
 (幻覚される苦痛の具体的な排出行為)                  a 機能

   満 足  ←──具体的な行為と抽象的なことば──    かかわり・語りかけ
              a 機能──感覚素材を a 要素(原始的思考)へと変形する心的装置
```

図1　コンテイナー／コンテインドとしての乳房／母親と乳児の関係と投影同一化

　ビオンの提示した二者の関係についての**コンテイナー／コンテインド・モデル**は、生きるもののダイナミックな関係性の原型である。その結合は、卵子と精子の関係、めしべとおしべの関係に認められるし、母親の乳房と乳児の関係、**社会組織**と**個人**の関係、考えることと思考の関係でもある。

　それが、第三の生きたものを産み出すという創造（新しいものの生産）に向かうか、それとも壊滅に終わるかは、二者の性質にかかっており、《投影同一化》が正に負にそこに介在する。もちろん私たちはこれから、母親／乳房と乳児の関係に、そして分析家とアナライザンドの関係に、目を向けていく【図2】。

```
    ○アナライザンド                    ●分析家
 空想・感情・思考                      もの想い・a 機能
                ──投影同一化 (排出) →
 考えられない考え                     コンテイニングと解釈
                ←── とり入れ同一化 ──        (コンテインメント)
 未飽和の思考
                ←── 投影される (侵入) ──
 事実の断片
```

図2　コンテイナー／コンテインドとしての分析家／アナライザンド関係と投影同一化

しかし、ここで次の疑問を思い浮かべた方もいるにちがいない。

その疑問とは、乳児の《投影同一化》の**万能空想**——それは、乳児の泣きわめき手足をばたつかせるという行為において表出されているものだが——その具体行為に向けた母親からの現実の反応がない場合はどうなるのか、という問いである。

この問いには幾つかの含みがある。フラストレーションにある乳児にかかわる母親が実際に不在であるという場面、母親がそこに存在しているが、何らかの理由で対応しない場合、母親は対応するが、その対応が間違っている場合、母親は対応するが、それは逆に乳児をもっと苦しめるものである場合、などがありうる。だがそれでも、乳児の体験としては本質的には共通している。すなわち、欲求充足で満足させ不快を排出するための対象の**不在**である。

これらのとき、フラストレイティヴなままにある乳児は、いったい何をどのように体験するのかである。この問いは、早期発達での精神病理の理解にかかわる精神分析的視点からの問いかけでもある。この問いへの答えを探す試みとして、次に進んでみよう。

第二部

不在の対象

I
一次過程体験の原型としての
対象の不在

対象の存在

　出生直後の乳児に母親が添っている。その母親が、乳児みずからの内に生じてくる飢餓、眠気、身体の痛みなどが乳児自身に苦痛なものと感じられ始める前に、すばやく察知して、それらの除去に的確かつスムーズに対処するなら、乳児は、心地よさ、満足の快感にいつでも充たされた世界に生きることになる。そこにはフラストレーションも発生しなければ、苦痛も発生しない。快のみが知覚されるのであるから、乳児がもっぱら快感原則に従って生きることに問題がない。
　〈一次過程〉のみが作動している快感原則の世界は、理念としては、快のみであるはずなのである。不快は不要である。それをどこかに感じていた私たちの祖先は、その快感体験の場を「楽園」「天国」「極楽」と名づけてきた。現実にはそうしたところは、私たちがこの世に生まれ出た後は、現実化することを永遠にあこがれ続けるだけしかできないものである。

　乳児の体験に戻る。乳児にとって、生きることがこの「快」のみで満たされているとき、そこでは"対象"がそばにいること——すなわち母親や乳房の存在——は、乳児に認識されていないのであろうか。乳児は「自分だけ——万能空想的自給自足——で生きている」と感じているのだろうか。ちなみにこれは、フロイトの言う「自体愛 auto-erotism」の時期に該当する。
　私はそうではないと考える。この事態においても、満足の「快」を

もたらす"対象"が認識されているにちがいない。目もまだ開かない乳児が、差し出された乳房に当然のごとく対応して吸つくように、また歴史的な宗教画や書物においても、ひとりの人間だけしか存在しない天国・極楽というものが描かれたことがなかったように、対象の存在は、人の発生、すなわち自己の発生での必然的な対として、発生していると考えてよいだろう。

　私たちがこの世に生まれ出て——ビオンの表現を使うなら、液体環境（胎内）から気体環境（胎外の空気）に変わったとき——それまでまったく使用しなかった身体器官を使い始める（鼻と気管と肺を使って呼吸を始め、口と消化管を使って食物をとり入れ始め、泌尿器と肛門・直腸を使って排泄し始める）とき、外界の何かを"対象"と実感しないわけにはいかないはずである。それらは知覚され、「快」にかかわる。

　何らかの理由で満期産前に帝王切開で生まれることになった未熟児でさえも、同じく対象を実感する。フロイトは、自体愛期が存在する根拠のひとつを、荒廃した慢性統合失調症者が外界の何にも関心を示さず自分の世界にすっかり引きこもっている様子に見た。今日どのように内閉状態にある統合失調症者においても、それが内的世界の対象たち（いわゆる奇怪な対象群）と交流——精神医学的見地からは、妄想世界での妄想対象との幻覚を通した交流——を活発におこなっている状態であることは知られている。またもうひとつの根拠とされる、幼い子どもの指しゃぶりやマスターベーション的な「快」に浸る行為が、対象——たとえば指しゃぶりのときには「充たしてくれる乳首」という——を空想しながらの行為であることも知られている。

快をもたらす対象の存在

　それでは、母親が完璧に適切に乳児にかかわることができる、すなわち〈一次過程〉の「快」の部分だけの対象関係に乳児が生きるとしたら、どうであろう。その事態は「欲望するときには乳房がいつも存

在している」と表現される。この事態は、乳児がこころの〈一次過程〉のみに生きていくことである。それも、フラストレーションがもたらすいかなる不快／苦痛も体験することのない、満たされている〈一次過程〉である。その乳児にとっては、時間が流れることを感じる必要はなく、欲求にかかわる"対象"の**不在**を感じる必要もない。すなわち、時間や空な空間は存在しない。

　そこでは乳児は、乳房／母親からのよいものをとり入れるだろう。すなわち母親のお乳をとり入れ、乳児の目に入る画像、その他五感によって知覚されるもの、対象表象をとり入れるだろう。さらには、授乳する母親がそうしながら口にする**ことば**もとり入れるだろう。それは表現を変えるなら、ことばというかたちで表わされている概念は、乳児の満足という現実の感覚体験とつがう。

　こうして乳児の先験的な空の思考は、満足を与える乳房によって現実化され、思考／概念が生み出される。「正の現実化」と呼べる。よって乳児は、母親が語ることば、すなわち母国語による概念を、自分のものにしていく。その後の発達のなかで、この様式でその子に現実化された概念は同じように蓄積し、それらは量的に相当に豊かなものになるだろう。知識豊富で試験やクイズが得意な「知的に高い人」になる可能性は大きい。

　ここで注意すべきは、この乳児は、手に入れたこれらの概念を内部に配置し操作するようになるが、**考えるようにはならない**ことである。

　これらの知覚された現実に基づいた概念を、さまざまに並べ配置かえるような操作はできるだろう。またその一環として、空想することにこれらのさまざまな概念を使うこともできるだろう。しかし、考えることはできない。なぜなら、この乳児には現実とは、知覚された後、充たしてくれるものなのである。ゆえに、欲求不満の不快に対処するために必要となる——そこに考える機能が生まれる——〈二次過程〉は導入されなくてよいから、（不快な現実にもちこたえる作業である）考える装置を発達させる必要がまったくないのである。よって、**考えられない**からである。

赤ん坊は欲望する（たとえば、飢え）　×　適切に乳房が供給される
　　⇒　乳房という現実と赤ん坊の前概念／空の思考／先験的知識がつがう
　　⇒　概念が生み出される（概念は満足という体験と常時連接する）
　　　＊概念は生まれるが、考える装置は発生しない

表3．快をもたらす乳房の存在

　ここで、考える／考えられないとはどのようなことなのかを、幾らか知っておく必要があろう。
　考えるとは、それが心地よいだけでなくフラストレーションや苦痛を引き起こすとしても、「現実とは何か」を知覚し認識し続けようとすることである。現実状況に適っていくために、保持している概念／思考を活用することである。そこでは思考——あるいは思考の組み合わせ——は、ただ思いのままに並べ、表面をここちよいかたちに調和させるのではない。知覚されているものの現実とは何か、その現実場面に適うかどうかを、真剣に**吟味し検討する**ために活用されねばならない。そうしていく過程には、「うまく考えられない」というフラストレーションのときは必発である。
　うまく考えられない**からもっと考え続ける**となるには、「時間」についての認知が必要である。また、うまく考えられない**という宙に浮いた状態**——つまり考えられない考えを置いておく「空(から)の間」——を保持することも必要である。つまり、きちんと考えていくためには、必然的に内的な時間と空間が確実に存在しなければならないのである。しかし前述したように、快をもたらす対象との〈一次過程〉関係だけの乳児には、現実吟味にかかわる時間や空間は必要にならないままなのである。「こころの家具」として思考／概念をたくさん置き、好きなように並べて操作してここちよくするだけでよい。

　結論的なことを述べるなら、この乳児は、（現実の知覚とも結びついている）たくさんの概念を記憶できるだろう。こうして豊かな記憶力

を備えた人として、手に入れている概念を自在に操作し並べることもできるだろう。

　また、一面の現実を知っているので、現実と非現実の区別もできるだろう。そこから快に基づく自在な発想を広げ、ここちよく豊かな空想を抱くかもしれない。しかし、**現実を考える**ことや**経験から学ぶ**ことはしないだろう。なぜなら、どちらもこの人物にとっては必要ないからである。

臨床体験

　臨床に戻るなら、高い学歴――もしくは極めて知的に高い人――も多いが、それまで社会で機能していたと思えるその人が、比較的些細なことと思えるトラブルや挫折をきっかけにして抑うつ、アルコール嗜癖、もしくは精神病状態に陥り、その後まったく立ち直れないという病歴をもつ人たちのなかに、この病理を見ることがある。

　知識は豊かで理解も早く、人柄も屈託がない様子で素直でよい感じなのだが、気持ちに深みや奥行きが感じられない。よく観察してみると、彼らは葛藤をこころに抱いておくことができない。あるいは、葛藤するという概念は実感されない。困難に直面すると、ただ困惑するのみである。もっと行き詰まると、焦燥を露わにし被害的になるだけである。そしてその事態の解決は、周囲の誰かに「期待されている」。いずれにせよ誰かに委ねられ、彼らは安らぎが供給されるのをただじっと待つ。そもそも人生は**順風満帆である**はずなのである。

　心理面接場面では、この人たちは礼儀正しく穏やかで、（「窮鼠、猫を嚙む」ことはあっても）積極的に破壊的行動化をすることはない。面接はそれが自分を省みることを求められている場であることはわかっているのだが、それができない。自己のなかに内的葛藤という苦痛をともなうこころの状態が保持されないからである。その人なりに行き詰まりに関する実際的な問題を並べるが、それだけに終わる。そ

していつの間にか、「どうしたらいいんでしょうか」と指示やアドバイス、世話を求める。それらの介入がなされたとしても、彼らによって実行はされないか、しても長続きしない。それはあたかも、その人の家に行って、実際に細かく世話することを求められているかのような気持ちに私たちをさせるものである。面接者の発言は、その場では納得した様子で聞かれるのだが、こころのなかには保たれない。通り過ぎることばである。家庭では、たとえ結婚しているとしても、妻以上に母親がなんやかやと世話をやいてきたし、本人もそれを受け入れていた人が少なくない。ゆえに、病的状態に陥った後は、母親の世話が復活することは少なくない。

　事態が行き詰ると、自殺が企てられることがある。それは傍からは唐突に見える。多くは致命的ではなく、それは「現実に対してまったく困惑している」とのことの表現形であり、「救いとなる強力な世話を求める」という意味の行動である。しかし、ストレートに死に至ることもないわけではない。

　精神分析セッションでは、語られることは多いが、それはいろいろな出来事や場面の客観的な描写や知識の羅列である。それらは社交的な場面ではひとまず通じる話であるが、その当人の内面にかかわることではない。分析家から不安や葛藤内容がとりあげられると、困惑の沈黙か、通り一遍の既存の知識の披露で対応する。そのため、不安や葛藤については、長い期間におよんで同じところに繰り返し戻る。またそれらは、専門書や宗教書などを読んで、そこに答えを見つけることで解決されるかのように扱われる。答えやさらなる問いを彼ら自身の気持ちのなかに探すことは思いもよらない。彼らは分析家に陰性の感情を表わすことはめったにない。むしろ好意をもっていることを隠さない。また、セッションに来ることをいとわない。それは、精神分析セッションの体験は「世話されている」と感じられるからである。なぜなら、彼らはカウチに寝ていて、彼らの語ることに私たちは真剣に耳を傾けている。彼らはそれで十分なのである。あとは私たちが担って何とかしてくれるはずである。

　ちなみに、ここまでの私の現象記述から〈発達障害〉や〈アスペル

ガー障害〉とみる人たちがいるかもしれない。しかし、そうではない。〈発達障害〉や〈アスペルガー障害〉の人たちは、「快」もきちんと味わえていない。快の対象関係もそもそも保持できないため、快もこころからこぼれ落ちている。私がここに提示している人たちは、「快」においてはまわりの人たちと分かち合えるのである。その分かち合いをまわりも確かに感じる。しかし〈発達障害〉や〈アスペルガー障害〉の人たちでは、快を分かち合うためにも周りの人たちの強い思い入れが必要である。これらの自閉症性の病理は、快感原則までも確立されていないところにその重篤さがある（その病理性には本論考では触れていない。また〈発達障害〉や〈アスペルガー障害〉としているのは、今日この診断名がはなはだしく乱用されていることに注意をうながすためである）。

一次過程と二次過程のせめぎあい

　しかし実際には、乳児が即座に満足を得て快に浸る事態は、いかなる環境においても現実化し続けることはない。乳児にとってこの必要とする満足の快が持続すべき事態において、母親がそばにいないか、母親がいても何らかの理由で乳児の苦痛の始まりに気づかないか、対処しない、もしくは間違った対処をすることは、不可避的に起こる。このとき乳児は、フラストレーションによる内的緊迫を高めていき、その苦痛は乳児に突然あらわに実感されるものになる。

　この事態、すなわち適切にかかわる"対象の欠落"は、快感原則に従う乳児には、快のみの世界からみごとに逆転して、フラストレーションの不快・苦痛のみの世界に生きている体験になる。それは、適切に快をもたらす"対象の不在"によって現実化する、〈一次過程〉体験としての**苦痛の現実化**である。人が感じる不快・苦痛の原型がここにある。充足の快の発生にも、母親・乳房・乳首といった対象がかかわったように、苦痛の発生にも、それらの対象の不在が関与する。

やがて、この繰り返される苦痛を回避する方策として現実原則に従う〈二次過程〉——すなわち、考えることの介在——が導入され、やがて〈二次過程〉が優位になる。その展開は、前述のようにフロイトが述べたところである。

　それ——二次過程——は達成されてしまえば、それが当たり前のはたらきのように感じられるものであろう。大人になってしまった私たちは、その心的機能に慣れきっている。しかしここで重要なことは、〈一次過程〉体験としての心的苦痛が発生したことが直ちに〈二次過程〉を作動させるわけではないことである。おそらくできる限り〈一次過程〉機能のもとに、"対象の不在"による心的苦痛に対処しようとするはずである。乳児は快感原則にとどまろうとするはずである。

　「一次過程の放棄」「二次過程の導入」にはせめぎあいがあるに違いない。そして、〈一次過程〉の保持がどうしてもうまくいかないために現実原則を受け入れ〈二次過程〉思索に頼らざるをえなくなったに違いない。そうであるからこそ、対象の不在による苦痛への〈一次過程〉機能の対処を細かく検討することには大きな意義がある。

　実際、私たちの臨床場面において病理現象とされる事態——精神病、パーソナリティ障害、神経症、うつ病など【表2】——は、心的苦痛の発生している状況に〈一次過程〉がなおも優位に作動し続けようとしている事態なのである。それは、一次過程から二次過程への進展に何かの理由で支障が発生しているか、二次過程機能を活用するのに不具合があり一次過程が突出してしまうときに認められる。

　これから第二部でとりあげる主題は、〈一次過程〉での苦痛の原型としての"対象の不在"とその対処である。続く第三部の主題は、〈二次過程〉が機能するところでの"対象の不在"とその対処である。

Ⅱ
心的苦痛の現実化としての
対象の不在

対象の不在とその否認

　すでに述べたように、私たちが生きていくことにおいては、欲求充足からの快はそのままとり入れればよい。その心地よさは、素直に満足の感覚で味わわれる。
　しかし生きることはそれだけではない。そのもうひとつの側面、すなわち不可避なその充足の欠如から生じてくるフラストレーションの不快・苦痛にどのように対応するかが、生きることのもうひとつの要点である。その原初体験は、乳児に始まる。
　乳児は必然的に欲望する。すなわち飢餓を感知し始め、乳房を欲望する。しかし、満足をもたらすよい**対象は不在である**。
　この"不在"とは、事態を客観的に見たときの状況である。まずこれから述べるのは、客観状況の解説である。

不在の客観状況

　この"不在"には三種類がある。
　ひとつは、実際の「物理的不在」――つまり母親の身体が実際にそこにない場合――である。ここには、何らかの用事で母親が席を外していて乳児の傍にしばらくいない、母親が病気や事故で入院、別離、もしくは臥せていて――あるいは死によって――そこにいない、もしくは、何らかの理由で怒りやひきこもりのために故意にそこにいない、など多くの理由がありうる。

もうひとつは、母親の「心的不在」——身体としてはそこに母親はいるが、こころはいないという事態——である。母親が不安や心配事、内的葛藤にこころを奪われてしまっているときがあろう。もっと病的な場合として、抑うつ、強迫、恐怖症、統合失調症などのこころの病いのために母親は内側の何かにすっかりとらわれていたり、こころがはたらかないことがありうる。

　それ以外にも特殊な場合として、母親がそこにいても身体の病気や事故の損傷などのために身体が動かせない場合、あるいは、母親に感染疾患があるゆえに子どもへの伝染予防のために近づけないという、こころは乳児を向いていても、その子にかかわることがかなわないときもあるだろう。

乳児における不在の体験

　ここから乳児の主観に戻る。

　いずれにせよ、それは乳児には、「よい乳房」の不在とは結びつかない。乳房が提供されないとき、乳児はフラストレーションの不快をその内側に感じることになる。これが「苦痛／不快」の発生であり、それは**「排出すべき悪いもの**が存在すること」の知覚である。

　すなわち、「よい対象の不在」という認識ができないことに、この〈一次過程〉の特徴がある。快をもたらすよい対象が存在するか、苦痛を与える悪い対象が存在するかのどちらかである。どちらでもない、そこに何もないという認識はありえない。欠如・空（から）という概念はない。よいものか悪いものが"在る"ことしかないのである。

　ちなみに、ここでの**よい**とは乳児に「快感・心地よさをもたらす」との意味であり、**悪い**とは「苦痛・不快をもたらす」との意味であって、正しいとか正義や邪悪といった道徳的・倫理的な意味ではまったくない（そもそもそれが「よい」と「悪い」の原義であるはずである）。

　しかしそうは言いながらも、この苦痛との関連で認知は変換する。それには以下に述べるように、三つの体験様式がある——「悪い乳

房の幻覚」「理想化された乳房の幻想」「思考の発生」である。そこにおいて、前者二つの様式は、"対象の不在"の否定である。一方、後者「思考の発生」において、対象の不在が認知される道が拓かれる。

悪い乳房の幻覚
—— 対象の不在の迫害的否認 ——

　フラストレーションの苦痛に直ちにまったくたえられないとき、まだ考えることはできない（考える機能をもたない）乳児は、その苦痛の元凶——すなわち苦痛を容赦なく与えてくる乳房——を**幻覚する**。悪い乳房の幻覚である。

　このとき乳児にとって、苦痛をもたらす「悪い乳房」は、外界に具体物として存在していると体験される（再度述べるが、ここでの**悪い**とは「苦痛・不快をもたらす」との意であり、モラル的な意味ではない）。その乳房は、乳児に飢餓という苦痛で破壊的に攻撃してくる具体的な悪い乳房である。すなわち、この幻覚されている乳房は、外界に具体的に存在している**もの自体／β要素**である。それは、乳児自身の攻撃で壊滅させ、取り除くしかない。

> ［β要素］——ビオンが提示したもっとも原始的な思考。こころに置かれるとしても具体物であるため、考えられず、具体的に操作するしかない思考である。こころによって消化されない事実、もの自体。考えられるのではなく、具体物として操作される。

　まとめるなら、苦痛に圧倒されている乳児には、乳房の不在は、その"対象の不在"として認知されるのではなく、「攻撃してくる悪い乳房の存在」として即座に具体化される。飢餓の増大は、幻覚されている悪い乳房からの攻撃の激烈化であり、それが極限に達するなら、乳児は「自分が粉々に壊れてしまう」と感じる。**ばらばらになる解体の破局**を体験する。

　　乳房の不在のフラストレーション体験にまったく耐えられないとき
　⇒　悪い乳房（赤ん坊を攻撃し苦痛を与える乳房／β要素／外界のもの自体）を幻覚する

表4．不在のフラストレーションにまったく耐えられないとき

これは、「考えること」が欠如した体験である。幻覚と外界現実は区別されない。乳児にできることは、この悪い乳房を直ちに破壊し排除することでしかない。乳児は全身を使って可能なあらゆる攻撃を始める。手足をばたつかせて、泣きわめき、尿や便をぶっかける。乳児は意味なく泣きわめいているのではない。それしかできない乳児は、幻覚されている悪い乳房を力ずくで破砕し排除しようと試みているのである。すべては、幻覚されている悪い乳房を消滅させるための攻撃である。

　これはまったくの消耗戦である。もし現実に母親の授乳がないままなら、乳児は飢えに圧倒されて力尽きる。それはすなわち、乳児が幻覚の悪い乳房に破壊されることである。乳児は「ばらばらの解体した自分」を体験する。「破滅」を体感する。泣きわめき疲れて、突然ぐったりとなり全身が脱力してしまう乳児に、それを見ることができる。その事態は親たちからは、「自家中毒」として**病気**扱いされることもある。

　一方、泣きわめく乳児に母親の授乳があるなら、それによって飢えという苦痛を排出できた乳児は、「悪い乳房の破壊に成功した」と体験する。幻覚されていた悪い乳房は粉々になり、消滅する。なお続いている母親の授乳の最中に、そこには即座によい乳房が現出し、乳児に満足の快感を授ける。

臨床体験

　この体験は、精神病の病理で例証される。

　独身を続けた無職で一人暮らしの六十代初めのある女性は、ある日突然、道向かいのビルの一部屋に自分を見張っている複数の人物がいることに気がついた。向かいの部屋はカーテンで蔽われているが、男性たちが確かに自分を見張っているのである。そのため彼女はひどく

怯え、どうかなってしまいそうに苦しんだ。そして、それが共産党の周囲全体を取り込んだ組織的謀略であると突然わかった。迫害と孤立に怯える彼女は思い余って、遠くに住む姉に電話した。心配した姉が訪ねてきてくれた。しかし、彼女にははっきりとわかる男性たちの存在を、姉は『そんな人たちはまったく見えない。誰もいない』と言うのだった。その姉が彼女を精神科病院に連れてきたのはその後だった。彼女は病院では「自分は病気ではない」「向かいの部屋に潜む共産党のその男性たちをつかまえてくれ」と訴えた。

　三十代のある独身女性は、「被害を警察に訴えようと思うのだが精神科医が協力してくれない」と精神科医を何人か代えた後、紹介されて私のところに来た。
　彼女は大学卒業後、公務員職に就いた。しかし働き始めてそう日も経たない内に、ある男性上司がほかの人にはわからないやり方で、自分の目の前に来て嫌がらせを繰り返しするのに不快でまいってしまった。それがあまりに度重なるため、職場のほかの人たちに相談したが、そんなことはないと言う。彼女の苦痛は耐え難いものになり、そこでその男性上司に、『嫌なことをするのはやめてください』と彼女は直接訴えた。すると、彼も周りの人たちもきょとんとするばかりだった。そのわざとらしさから、彼女は皆がグルになっていることがわかり、職場をやめた。
　しかしその後、彼女がどこで働こうと、その上司だった男性はその場に不意に現れて嫌がらせをおこない、彼女を苦しめ続ける。だから彼女は、頻繁に職場を変わった。その男性はいまや自宅にも来て、窓に影だけを映す。あるいは、家の前を車で走り抜ける。重なる被害を警察に訴えようと精神科医に話すが、彼らはのらりくらりとして取り合ってくれない。

　このふたりの女性が、愛情でかかわる男性を求めていることは明らかであろう。しかし、そうした男性はいない。"不在"である。それに代わって体験されることは、苦しめてくる「悪い男性」の存在であ

る。悪い男性の**幻覚**である。彼女たちはこの事態を考えることができない。感知することしかできない。事態を「感情」や「空想」という**こころの事実**とつなぐことができない。その男性は「実在の絶対的に悪い存在」でしかない。そして彼女はただ具体的にその男性を取り除こうと行動で対処するだけである。それは［β要素］の取り扱い方である。そして取り除けない。苦痛は居座るのである。

　当然ながら、**幻覚**は精神病にかぎらず、一過性に体験されることもある。

　精神分析中のある女性は、録音機器を面接室のフロアに幻視した。その翌日の分析セッションで彼女はそれに言及し、今日もその録音機器がフロアに置いてあるとひどく怯えた。なぜなら、録音機器は彼女が「告白したこと」を「みんなに伝えるためのもの」に違いなかったからだった。彼女に苦痛を与えるだけのそれだった。すでに重篤な症状がすっかり取れこころの変容もなし遂げていた彼女は、精神分析を終わりたかった。しかし周りの人たちはそれに強く反対し、私も反対していると彼女は内心思っていた。周りの人たちも私もよい対象としておきたかった彼女から、そうした「悪い対象部分」が分裂排除され、「幻覚対象」として、いまや具体物として存在していた。

　その分析セッションでの私とのやり取りを通して、長い躊躇のあと、彼女はカウチからからだを起こし、フロアを見る決心をした。彼女は見た。そして、そこには何もなかった。彼女は大きく安堵した。しかしその一方、それを契機として、私が分析の終結を考える彼女に反対している、との考えがはっきり彼女に意識されたものとなり、それを彼女は考えないわけにはいかなかった。これも彼女に激しい苦痛と不安を感じさせたが、その感情は、彼女がみずからのこころに置き、私とのあいだでやりとりできるものだった。そしてそれは、精神分析を通して自分自身や母親についてさらに考えることができるようになった、考えること（考える機能）を有用なものにできるようになってフラストレーションにもちこたえられるようになった彼女ができることだった。

幼い子どもの「夜驚」では、夢見心地のなかで、苦痛を与える怖ろしい母親対象が幻覚されているのである。それは、子どもの治療でのプレイのなかで、怪獣や猛獣、妖怪や魔女のおもちゃを使って表現される。

　ある男の子は治療者にうながされて、こわごわと初めてプレイルームに入った。最初はその場にじっと立ち、まわりを見回した。それからゆっくりとおもちゃに近寄ると、さっと二匹の怪獣を手に取り、激しくぶつけ合い、一気呵成にそれを為すと、一息ついてにこりと笑った。ここには、「悪い幻覚対象」の出現と、破壊しあう戦いの遊びというそれの劇化が見られている。

　臨床的にみるなら、「悪い対象の幻覚」はフラストレーションの苦痛にたえられないことの証であり、思考を考える機能がはたらくための内的空間が欠落している事態を示している。しかしその考えるための内的空間の欠落が、本質的な心的事態なのか、あるいは一時的で一過性のものなのかについては、その幻覚を、私たちがアナライザンドの立場から認識していくことで判断されねばならない。

理想化された乳房の幻想
―― 対象の不在の願望充足的否認 ――

　次に、フラストレーションの苦痛に直ちにまったくたえられないのではないが、時をあまり置かずしてほとんど耐えられなくなっているときがある。このとき乳児は苦痛から逃れようと、「みずからの欲求が充足されている」という万能的な空想を抱く。哺乳してくれる「理想的な乳房」の**幻想**である。

　この**万能空想／幻想**は、具体水準の大量の《投影同一化》であり、フラストレーションの苦痛が過度に高まれば醒めてしまうところが幻覚そのものではないにしても、一過性の幻覚体験（幻覚症）に近いほど、現実に侵襲する。その幻想に浸ることによって、飢餓の苦痛が

すっかりなくなり、むしろ満足が得られているように乳児は感じる。

　この幻想に浸っている乳児は、あたかも理想的な乳房から哺乳されているかのように、口をもぐもぐさせたり、指や身体のどこか一部を吸う。あるいは、「よい乳房」の感触を得ているかのように、それを思わせるみずからの身体の一部——お尻や躯幹——に触れる。乳房の不在は、身体の活動と快感につながる知覚——錯覚の利用と呼べる活動であり、この活動が続くと、触れられている身体部分がフェティシュ的な倒錯対象化してしまうが——を活用して、理想化された乳房を得ている幻想に現実を置き換えられるのである。そしてこの状況での排泄行為——排便・放尿——による快感は、「飢えさせる悪い乳房の排出がうまく行った」という幻想に寄与する。

　「幻想の乳房」は内界——すなわちこころのなか——に在るものであるが、身体活動を包含することで具体物の質をもつため、外界の具体物と区別がつかないものとされる。このように幻想の増強によって、内的産物である思考（観念）も、外界の具体物（悪い内的対象）と等価となりやすい。すなわち、内外の境界がなくなっている幻想のため、外的具体物／悪い内的対象と思考が混同されやすくなり、思考が含蓄するこころの**独立性**や**抽象性**が破損される結果をもたらす。

　しかし、この幻想によるフラストレーションの苦痛の回避は、このまま維持されるものではない。飢餓の苦痛が身体感覚として増大していき、その苦痛の感知がもはや打ち消せなくなったとき、幻想は急速に消褪する。**幻滅**が発生するのである。理想の乳房の幻想は醒め、乳児は苦痛のただなかに置かれることになる。

乳房の不在のフラストレーションの回避

⇒　万能空想に浸る：授乳してくる理想化された乳房からの吸収　＆　悪い乳房の排泄

　すべての思考が、内的悪い対象／もの自体と区別できない

表5．不在のフラストレーションの回避

臨床体験

　ある母親は断乳がどうしてもできなかった。意を決して断乳を試みても、その乳児がお乳を欲しがり泣き出すと、それが耐え難く授乳してしまうのである。母親自身に「乳幼児期にみずからの母親に捨てられた」という体験があったため、離乳は母親の内側でその体験を想起させ、泣いている乳児の姿が憐れでもちこたえられなくなったのだった。こうして何度か断乳に失敗した後、母親は意を決して、どんなに乳児が泣いても与えないという態度を断固貫いた。その離乳に最初は泣きわめいていた乳児も、そのうち泣かなくなった。離乳はようやく首尾よく終わった。

　だが、その子が幾らか大きくなったとき、どこかこころそこにあらずな表情で、口をもぐもぐさせながら自分の乳首を指でつまんでいる様子がよく見られることを周囲に気づかれた。成長していったその子の特徴は、活動性は豊かだが、本を読むなどの考える作業をまるでしないことにあった。授業といった考えることを強いられる場面では、表面ではそれに参加しているように問題なく振る舞っていたが、身体の一部に触れながら、ひたすら心地よい空想の世界に浸った。快感を生む幻想に浸るために、何も学ばないことが優先されていた。

　授業にも行けない大学生のある青年は、自分の容姿が醜いと怖れ、ほとんど外出できなかった。彼は自分が社会の落伍者であることを知っていた。彼はひとり息子であったが、その母親はおそらく未治療の過食・嘔吐型の摂食障害であった。彼はひとり住まいの部屋にこもり、彼の住む政令都市を画期的に改造する計画を練ることに日々のほとんどの時間を費やした。その幻想のなかで彼は市長として存分に腕をふるうことで、誇大化したナルシシズムを保っていたのだった。

　この万能幻想は、相当な時間が経つまで、私には語られなかった。それを語ることは、それが単なる空想に過ぎないことに気づかないわけにはいかなるからだった。そして、この空想が語られて間もなく、

彼は私に会いにこなくなった。ちなみにこの政令都市は母親の身体を表しており、それを彼の思うままに支配する作業が都市改造計画だった。彼は、いまや会うことさえ厭わしい母親の病的な在り方に気がついていたが、身体の理想化にはいまだ固執していた。

　常に死を考えるという抑うつ状態に苦しみ続けていた、もはや中年となったある男性は、幼いときに母親を突然死で亡くしてしまった。そしてその死には誰も触れないままに、彼はやがて家に入ってきた継母に育てられることになった。幼い頃にはすでに出現していたと思われる彼の対人関係での親密さをめぐる困難さは、青年期には彼自身にもはっきりと自覚された。だがその後の人生で、その困難さは、幻滅を経ての親密な関係の破壊として繰り返され、その人物は、彼を理解しようとしない悪い対象として位置づけられ、彼によって徹底的に拒絶された。そしてその結果、生きることの空虚さと苦しみはつのるばかりだった。

　彼のもつ唯一の希望は、理想化された母親対象――彼のすべてを受け入れいつでもどれだけでも受け入れてくれる女性――の希求であり、その理想化された母親を求め続けた。「そうした母親的な人物は必ずいて、彼を見つけて世話してくれ、そうして彼の望みは完璧に充たされるはずである」という幻想以外の考えは決して受け入れられないものだった。実際、彼は、それに添わないあらゆる考えを断固拒絶した。

　精神分析経過のなかで、乳児期に彼はすでに実母とのあいだで齟齬をきたしていたことが明らかになった。それでも、「理想の女性と結びつく」という彼の幻想は絶対に失われてはならないものだった。苦しみのなかで彼は、現実を嫌悪し、暴力的にも排除を試み、そうした女性が現れることを待ち続けた。それは、乳幼児がバタ狂い泣きわめきながら、母親／乳房を必死で求める姿そのものだった。

幻想からの展開

この事態の展開は三通りである。

第一のもの。

飢餓というフラストレーションの苦痛から逃れるために「理想的な乳房」の幻想に浸り始めた、その早いうちに母親が哺乳してくれるなら、その結果、乳児は、幻想の理想的な乳房によって満たされる。その充足は、乳児を現実に目覚めさせるものではない。そこにおいては、理想的な乳房の幻想が現実化するのである。この体験では、口をもぐもぐさせることと乳首が母親によって授けられること、みずからの身体にさわることと母親の乳房に触れることなどが、区別されないままである。いわば**幻想に現実が呑み込まれる**。自他の区別を欠いた、いわゆる「魔術的思考」という万能空想がここに広がる。テレパシー・共時性・霊感といった超自然的発想である。そのため、現実を同定する、後に述べる萌芽的思考である［α要素］は、考えるという苦痛をもたらす「内的悪い対象」として排除される。こうして、思考とそれに作用する考える機能は、その成熟やはたらきを亢進する機会をほとんど与えられないままになる。

重い抑うつと不安に長年苦しんでいたある女性は、私という治療者との出会いを、彼女の信仰する神が彼女の切なる願いに応えて、苦難を生き抜いてきた彼女にとって必要なまさにそのときに私を与えてくれたと、繰り返し神の無比な恩恵の賜物と位置づけた。このようにして私は、その神と同様に素晴らしい理想の人物であり、彼女に理想的な健康を恵む対象になったのだった。そのため、精神分析の進展のなかに不可避に現れた現実——すなわち私が精神分析を生業としそれによって生計を立てている精神分析家にすぎないという現実——に即した考えが浮かんだとき、その考えをひどく嫌悪した。その考えとの彼女の格闘は、「考えたくない考えを、考えずになんとか放棄しよう」という絶望的な試みになっていった。

第二のもの。
　ここでの母親の哺乳がないとき、フラストレーションからの苦痛はもはや覆えなくなり、乳児は急激に**幻滅**する。すなわち「理想的な乳房」という幻想は一挙に放棄される。それは、苦痛を押し込んでくる「悪い乳房の幻覚」に変形する。もはや乳児は、もの自体である苦痛を排出しようと全身の筋肉を使って身体をばたつかせ泣きわめくしかない。この顛末は、すでに「悪い乳房の幻覚」で述べたところである。
　この例は、精神病の急性発病という形態に見ることができる。
　ある若い女性は、自分の口が醜くおかしいと確信していた。そのため学業や友だち付合いがうまくいかないのであって、それが治るならすべてはうまく行くのだという思いで、引きこもっていた。親族の介入によって彼女は精神科診療所での心理療法的治療を受け始めた。その治療のなかで彼女の抱える現実——母親との特異な依存関係、彼女自身の将来など——に目を向けることになり、彼女が生きている世界への幻滅が体験され始め、事態は一変した。
　周囲が図って彼女を陥れようとしている、すべてが監視されつけ狙われていると、「悪い奇怪な対象群」の存在に、突然に彼女は気づいたのだった。その怯えは彼女を激しく興奮させ、彼女は泣きわめいたり消火栓を抱えて撒き散らした。彼女は、幻覚している悪い対象を排除しようと必死になっていた。急性精神病が発症したときだった。

　三番目として、次の展開がある。
　母親の授乳はいまだなく、乳児は幻想の保持が困難になっており、幻滅し始める。理想的な乳房の幻想は断片になり始め、ほとんど破砕される。こころを"空"という別の何かが満たす。このとき母親が哺乳してくれるなら、乳児は、幻想されていた「理想的な乳房」とは異なる、また幻覚される「悪い乳房」でもない、違う乳房が"空隙"のなかからその場にもたらされた体験をなしうる。しかし、それは、乳児に考えられるべきものである。
　このとき乳児に、母親が愛情を込めた**ことば**によって特定の事実についての何かを伝えるなら、たとえば『かなちゃん、おいしいおっぱ

いを、たくさんあげましょうね』が繰り返されるなら、乳児はその何かと結びついたその乳房を、内側の"空"という場のなかで認知するだろう。それは［α要素］と呼ばれる**萌芽的思考**である。［α要素］は、乳児にそれを考えることを求めるかもしれない。そこで続いて乳児は、母親の［α機能］をとり入れるかもしれない。

> ［α要素］——思考としては、［β要素］に次いで原始的なものだが、考えられる思考としてはもっとも原始的な思考である。視覚・聴覚・触覚などからの感覚素材が変形され内在化されるが、ことばにならず、意味ある音として伝達できない考えである。思考としてこころのなかに貯蔵され、考えられる。

III
ない乳房の発見
―― 不在の対象の認知 ――

思考の発生

　ここに述べるのは、前述した三番目の展開の延長であるが、「幻想」体験から派生するとは必ずしも考える必要はなく、"対象の不在"にかかわる別の体験様式と考えてよい。

　乳児が飢餓の苦痛にもちこたえることができたとき、「悪い乳房」は幻覚され続けない。そしてフラストレーションの回避に利用されていた「理想化された乳房」の幻想は消失する。するとその結果、そこは空(から)である。すなわち"空"という新たな何かがその空間を**占めている**。
　こうして乳児の「乳房への期待（カントのいう生来の前概念）」は"空(から)"と出会う。**ないものと出会っている**。ここに初めて"ない乳房"というものがそれとして実感されるのである。**ない**（すなわちマイナス）が認識されるのであるから、これは負の現実化 *negative realization* である。これまでは、それが悪い乳房にしろ理想的な乳房にしろ、**あるもの**――具体的な外界物――と乳児は出会うという体験になっていたので、それは正の現実化 *positive realization* であった。このようにここでは、**負**という新しいパラダイム、新しい展望が持ち込まれている。
　この"ない乳房"は、幻覚されているのでもなければ、幻想されているのでもない。「よい乳房」が具体的に在ったところに、それに代わって現在その空間に**存在している**何かである。それは、幻覚対象や幻想の対象とは異なり、実際には乳房が存在していないそれまでの**外的空間を占めてしまわない**。その空間に納まっている空はそのまま空

であり、それはその空白な空間にないものを**表わしている**。

ここにおいて、外界にあるもの（空(から)）とは異なるもの（ない乳房）が、乳児の認知の対象になったのである。つまりそれは、外界にあるものそのものではなく、乳児の内側／こころのなかに置かれている。すなわち、心的生産物である。私たちの**なかのもの**になっているのである（すなわちこれが原始的な思考 thought である）。**負**の現実化がもたらすものは、（原始的な）思考という質量を欠いた内的な産物である。

注目すべきところは、それまではこの内外の区分はなく、乳児のこころに体験されるものすべてが外界にあるものだったのである。乳児の身体感覚——飢餓感、痛みなど——を含めて、認知の対象は外界のものでしかなかったのである。

視点を少し移すなら、この事態は、"ない乳房"という、ひとつの先験的前概念（思考）の現実化である。ここに初めて「思考」が発生している。

ただしこの生成された原始的思考は、意味ある音節として言語化できるほど成熟していないため、みずからのなかに意識化し続けることもできない。たとえば、あぶくのように意識に上がるが、また意識から消える。そして乳児の内部で伝達できないことと同様に、他者に伝達できない。この原始思考を［α要素］という。こころに置かれるもっとも原始的な思考の発生である。

［α要素］は、それを意識化できる成熟した思考である「**概念**」——たとえば飢餓・眠気・便秘——として読み取ってくれる対象を必

乳房の不在のフラストレーションにもちこたえ、修正するとき

＊負の現実化 negative realization

先験的前概念がフラストレーションとつがう（赤ん坊の乳房への期待が「充足のための"ない乳房" no breast が手に入る」という実感とつがう）ことによって、思考が発生する

= **ない乳房** no breast、**あるいは内部にある不在の乳房** absent breast

→ **ない乳房がある**（空間の出現／思考の出現）
 ＆ 考えるための装置（考えること）の発達

→ **乳房がない**（時間の出現）≒ 今は乳房は不在である

表6．不在のフラストレーションにもちこたえ、修正するとき

要としている。その思考を考える人を必要としている思考なのである。そこに母親という［α機能］と名づけられた心的装置をはたらかせる対象が現れることで、乳児のなかの［α要素］は、その意味が他者（母親）の知るところとなる。しかしそれだけではない。乳児自身がその原始思考［α要素］の圧迫によって考えること（考える機能）を作動させるように迫られている。

> （註）ここでの概念は、ビオンがグリッド〔後述〕に表した、「成熟した思考」としてのそれである。また、［α要素］は、生物学におけるもっとも原始生物プリオンになぞらえるかもしれない。プリオンはウィルスよりも原始的な生物で、移動できない。

　それでは、［α要素］という原始思考のこの発生と、すでに述べた正の現実化 *positive realization* のひとつの様式である「母親対象が完璧に適切に乳児にかかわるときに乳児が（概念他の思考の形態をとる）観念を得ていくこと」とは、どのように異なっているのだろうか。
　後者、母親が乳児にフラストレーションの苦痛をもたらさない状況では、乳児は母親から供給される観念を集め配置するだけでよく、考える必要はなかった。乳児は心的機能の〈一次過程〉で機能していれば生き延びられているのであって、〈二次過程〉を作動させる必要はない。つまり、考える機能という「現実を見極めるための心的機能」を活用させる必要はないのであった。
　一方、フラストレーションの苦痛のもとに発生した［α要素］という原始思考は、考えることを刺激する。考える装置を必要とする。「思考」が出現したために、考えないわけにはいかなくなるのである。なぜなら、この種の思考を放置してしまうなら、それは、苦痛をもたらす幻覚と区別できないもの自体（思考としてはβ要素）へと再度退行性に変形してしまう方向が進み、それは心的破局（こころの解体）に至るダイナミクスを呼び覚ますからである。つまり、思考によってもちこたえられていた欲求不満のフラストレーションは極限まで高まって、もはや耐えられなくなり、乳児の統合は破砕されてしまうのである。

この事態を真に回避できるのは、向かい合っている現実（ない乳房）をそれとして認めることであり、唯一、心内に位置している思考が、それを援助できる。フロイトも述べているように、こころのなかで現実検討のために思考を使う試行錯誤、すなわち**思考を考えること**がそれを可能にするからである。

　こうして現実世界に生きるために、「思考」と「考えること」はあい携えて進化をめざすことになる。思考／考えることは、ひとつのカップルである。それはコンテインド／コンテイナーの関係にある。両者の交わりによって両者の成熟と発達も起きれば、両者が退廃することも起こる。後者という病理現象は精神病者にみることができる。

空間と時間の発生

　そして、**思考を考えること**によって次の進展が起こる。

　原始思考である［a 要素］がこころに蓄えられ、それらの連接が生じる。その結果、"ない乳房" に "ある" が連接され、「ない乳房が、ある」という組み合わされた思考が成立する。

　これは、具体物としての乳房が占めていた場に "ない乳房" という質量のない思考が位置するのであるから、具体物が除かれた心的空間に大きな**空隙**（すきま）が発生している。よいものにしろ悪いものにしろ、乳房が具体物としてその場をすっかり占めていたところに、大きな余白の部分が生じたのである。ここにおいて初めて、**心的空間**という空隙（すきま）を備えた内なる空間が明瞭に出現する。大人として「こころがからっぽだ」とか「こころにたくさんの思いが満ちている」と私たちが感じる、こころについての内的空間という感触は、ここに初めて獲得されるのである。このことは、思考や象徴など質量のない多様なものが収められる心的空間が、広がっていく宇宙のように、無限の可能性をこころに与えることになる。

ある女性は、もはや不安でカウチに横たわることができず、怯えた表情で座っていた。彼女は、私が怖ろしくてたまらないのだった。涙ぐみ始めながら彼女は『我慢しているわたしや気を遣うわたしを、人は知りません』と語った。私が彼女を理解しようとしてないと彼女は確信していた。私は彼女に伝えた、〈あなたは、ここでもいま、ひどく怖いのに、ひとりで我慢して、起きているのですね〉。彼女は『わたしは我慢しているとは思いません』と答えた。涙は急に溢れた。時は流れても、ふたりは何も語らないままだった。
　このとき私のもの想いに浮かんでいたのは、ひとつの光景だった。真っ暗な闇のなかに、ひどく怯えた幼い彼女がいた。ふすまを隔てた隣の部屋には母親がいたのだが、彼女がどんなに泣こうと、あるいは母親のそばに行ってしがみつこうと、母親は完全に彼女を無視して、何かやっていることを続けた。消灯後の時間は母親が母親自身の関心事に没頭し、彼女がいかなるやり方で注意を引こうとしても決して相手にせず、もはや彼女はまったく存在していないという態度でふるまった。それは徹底していた。
　私は、この光景がいまの私たちだと感じた。私は"不在の対象"として、その空間に厳然として存在していた。だからその対象は「悪い乳房」として彼女を圧倒していた。彼女は「悪い対象」としての私に怯えるばかりだった。
　沈黙のなかからようやく彼女は『沈黙のときの時計の時を刻む音……そういった音がとても怖い』と言い、『先生が黙っていると、先生はそこにいないと感じます。わたしにとって先生はいない。……昨日の面接の帰りに、カウチの上で苦しんでいるわたしの苦しさを先生が理解しているなんて考えなかった。わたしは、わたしが我慢しているとは思っていません』と続けた。少し間を置いて私は伝えた、〈私は私だけの世界に入っており、あなたはあなたの世界にひとりなので、それは我慢していることではないのですね〉。彼女は肯定した。沈黙がそれに続いた。しばらく間を置いて、私は続けた、〈私は、ここにいます。しかし、私はここにいないのですね〉。彼女はうなずきながら、涙をこぼしていた。
　彼女にとって時計の時を刻む音は、時間の流れを伝えるものではなく、"不在の対象"がいることを示すサインであって、我慢することは、対象が不在であり戻ってくることを認識するという時間を意識できることであり、どちらも彼女には体験されなかった。しかし"不在の対象"としての私が彼女と同じ空間のなかにいることを私は示し、彼女はそれを認めた。私という"ない乳房"がある、と彼女は考える

ことはできていた。しかし、それは広い空間のなかでの「脅かしてくる対象」となってしまうのだった。

　さらに思考／考えることの協働作業は続く。次に、「ない乳房が、ある」は、「乳房が、ない」に進展する。
　「ない乳房が、ある」というのは、いまというひとつの固定点での体験である。そこでは、時間の流れについての認識は生じていない。一方、新たな考えである「乳房が、ない」との認識は、**いま現在は乳房が不在である**という認識である。それには、「過去に在った乳房がいまはない」との認知があるとともに、「未来においてその乳房が戻ってくる」ことの期待が含まれる。すなわち、過去・現在・未来という時間の流れについての認識が始まったことである。この時間の認識それ自体が、フラストレーションに持ちこたえる力を高めることは、理解されるであろう。乳房に関する過去の認知は保証を、未来への期待は希望を乳児に授ける。

不在の成立と夢思考の出現

　このようにして思考の進化とともに、こころに空隙(すきま)を備えた空間と時間が成立した。よって、**思考を考える**という作業をおこなうこころの意識部分は、確実な心的機能を備えたこころの装置として成立し、思考を使って考えるという行為が意識的になされるようになる。
　ここにはふたつの達成がある。

　ひとつは、存在の負の形態である"不在"という概念が成立したことでもある。
　目の前に乳房がないということは、そこには空(から)の空間があると知ることであり、乳房がどこかに行っていていまは不在であるという認識があることである。それは「乳房がある」という体験領域に留まって

Ⅲ　ない乳房の発見

いたものが、乳房という自分と分離している別個の存在としての対象——いたり、いなくなったりするもの——が確実に認識されることである。このように乳房の存在と不在という正と負の両領域で乳房が認知されることは、認知の幅が格段に拡がったことである。

　　もうひとりのある女性は、『自分は透明な存在だから、いなくなっても誰も気がつかない』と語った。彼女には「あらゆる人間はまったく存在意義のないもので、地球の害にしかならないものである」という強い信念があった。それまで誰にも語ることのなかったこの秘密の信念を私に語ったことに、彼女はひどく戸惑っていた。この話を聴いて、私が彼女を不快に感じて拒絶しないかと怖れていたのだった。
　　聴き終えて私は、〈私も、あなたがいなくなっても何も気づかないのでしょうね〉と解釈した。彼女は、私は違うと言った。そこで私は、〈この空間にともにいて、いまこの時間を過ごしているように、私たちは会い続けていますね〉と伝えた。彼女は、一呼吸置いて肯定し、それから少し恥ずかしそうな口調で付け加えた、『先生は、わたしを待ってくれている』。この発言の後、彼女は沈黙したが、泣いているようだった。
　　彼女は「透明な存在」という"不在の対象（ない乳房）"の存在しか体験できなかった。それは変形しても、「害を及ぼすものとしての人間」という悪い対象の存在にしかならないものだった。それが、彼女が死んだように生きていた閉塞した世界だった。そこに定点としての私が存在し始めたのである。次の分析セッションの時間までのあいだ、いないが、彼女を「待っている」対象としての私が存在していることを、不在の私がいることを、彼女は認識した。

　もうひとつは、原始思考である［α要素］がさらに連接し、「時間と空間を内包する思考」へと進展することである。ここにおいて一段階成熟した［夢思考・夢・神話］水準の思考が成立する基盤が得られた。
　［α要素］の連接およびそれにともなう「時間」と「空隙を備えた空間」の認識によって、［夢思考・夢・神話］の形態をとる思考が生成される。時間という新しい要素の活用で、過去から現在、また現在から未来というように展開していく**物語性** *narrative* が発生する。加えて、空間というもうひとつの新しい要素の活用で**視覚**が思考に利用される。

夢や神話は、たとえどんなに短くても、その展開が物語の形態をとるし、とくに夢に明瞭なように、その物語には視覚要素（立体視）が大きな比重を占める。それは——たとえ多数の人に共有されていても——内的な想像の世界として成立している。そしてフロイトの症例ウルフマンの夢が「原光景」を表し、ヤマトタケルの神話が「国」を表しているように、長くも短くもあるその一つの夢や神話は、**それ全体によって**「潜在思考」と呼ばれるひとつの概念を表わしている。言い換えれば、ひとつの思考・概念を表わすために、夢や神話という特異な形態が必要なのである。発達的にみるなら、［夢思考・夢・神話］水準の思考が使えるようになったのである。そこには、視覚イメージが象徴として機能する準備がなされている。

思考を考えること

　こころは、その空隙に容積と量のある**具体物**を並べている場より、むしろ、質はあるも容積も量もない思考という**抽象物**を置いている空間となったことで、あらゆるものを置くことができる「広大で、時間が流れる、可視的な宇宙空間」になった。こころそのものも、考えることの対象となることで、象徴化される存在にもなる。ここでは、思考／考えることは、さらに相互に作用しながら進展する。思考は成熟しようと考えることをうながし、また考えることによって、思考は成熟を進め、より抽象的なそれに向かう。

　　強迫観念による極度な制縛に苦しんでいた若い女性がいた。彼女はその制縛にあるときには、一歳の娘がどんなに泣きわめいてむずかる様子を目の前で見せても、長い時間まったく動けなかった。その女性が幾らか改善したあるとき、苦笑いを浮かべながら『変なことを言っていると思われるのはわかっているんですが』と前置きしたあと、「頭のなかに『捩じれた筋』があって、それを元に戻す作業をする」と言った。

どのようにしておこなうのかを説明してもわからないと思うからと、彼女は語らなかったが、その捻じれた筋は、彼女には視覚イメージでとらえられているものだった。その作業をうまくやり通せて捩じれを戻せると、「筋」はまったく気にならなくなり、何にもこだわるものがなくなって自由快活に過ごせる。しかし、その作業でやりすぎるととたんに筋の捩じれがひどくなって彼女はまったく動けなくなってしまう、と続けた。そしてたいてい、筋の捩じれの修復をもう少し、もう少しと、やっていてやりすぎてしまうことに終わると言った。実際、彼女は明るく快活なときと、沈んで動けないときが、極端に異なり、それは、あたかも躁と鬱の感情変化のように見えるほどのものだった。しかしそこには実際、彼女が語る内界での操作があったのだった。

彼女の訴えには強迫観念と制縛の症状以外はなかったが、彼女の言う「捩じれた筋」はまったくの具体物であり、それは精神病性の思考［β要素］であった。それは具体的に操作するしかないものだった。一方、「筋」が気にならなくなると表現されたように、それがうまく扱われると、「筋」は変形され、視覚イメージのそれ（すなわち、夢思考レベル）に過ぎなくなる。それは彼女が操作する必要を感じなくてよいものである。こうして彼女は抽象思考の人に戻り、こころの空間を自由に使えるのだった。

思考が成熟する筋道を進めよう。

「夢思考」から「前概念」、それから「概念」が発生する。すなわち夢・神話のような、視覚的な要素——すなわち具体像——を含んだ物語によって成り立った思考が、一言で表せる思考へと進展するのである。それは、前述した潜在思考としての「前概念」から、その意識化されたものである「概念」として生成される。ここにおいて日常生活での考えることが自由度を格段に広げた。

そして、思考はさらに抽象的なそれに進展する。

その展開をビオン〔Bion, W. 1963〕は、グリッド Grid に表示した【次頁：巻頭口絵にも】。——— α 要素→夢思考・夢・神話→前概念→概念→コンセプト→科学的演繹体系→代数計算式。

また考えることも、思考にうながされ、その機能を向上させていく。
こうして思考の成熟は、"対象の不在"のフラストレーションにも

ちこたえることを強化しただけでなく、さらに不在によるフラストレーションの発生そのものを予防したり軽減する方法も生み出す力となった。

	1 定義的仮説 Definitory Hypotheses	2 ψ psi	3 表記 Notation	4 注意 Attention	5 問い Inquiry	6 行為 Action	…n
A β要素 Beta-elements	A_1	A_2				A_6	
B α要素 Alpha-elements	B_1	B_2	B_3	B_4	B_5	B_6	…B_n
C 夢思考 夢・神話 Dream Thoughts Dreams, Myths	C_1	C_2	C_3	C_4	C_5	C_6	…C_n
D 前概念 Pre-conception	D_1	D_2	D_3	D_4	D_5	D_6	…D_n
E 概念 Conception	E_1	E_2	E_3	E_4	E_5	E_6	…E_n
F コンセプト Concept	F_1	F_2	F_3	F_4	F_5	F_6	…F_n
G 科学的演繹体系 Scientific Deductive System		G_2					
H 代数計算式 Algebraic Calculus							

表7．グリッド

※　グリッドの表にみる用語の訳語の種類
D．Pre-conception には「前概念」「前概念作用」という邦訳がある（以下、同様）
E．Conception には「概念」「概念作用」
F．Concept には「コンセプト」「一般概念」「概念」
G．Scientific Deductive System には「科学的演繹体系」「科学的演繹の体系」「科学的演繹システム」
H．Algebraic Calculus には「代数計算式」「代数の計算式」「代数計算」「代数学的微積分」
1．Definitory Hypotheses には「定義的仮説」「限定仮説」
3．Notation には「表記」「記号法」「心覚え」
4．Attention には「注意」
5．Inquiry には「問い」「質疑」「審理」「探索」「取調べ」
6．Action には「行動」「行為」

Ⅳ
不在の発見

　ここで"不在の認知"ということに焦点を絞って、これからふりかえってみたい。

　乳児のこころには、希求する充足をもたらしてくれる"対象の不在"は認知されない。それは、「苦痛を与える乳房」の幻覚という、紛れもなくその対象が存在していることとして、主体には体験される。それ——幻覚の乳房——は、満足をもたらす乳房の実在と等価なものである。そこでは、外的現実と心的現実である幻覚とは識別されていない。表現を変えるなら、**心的なものによって外界が変形されている**。その乳児のこころには、現実とは、それが幻覚というかたちをとるほどに、**もの自体**の世界でしかない。ちなみに、成人のこころにも残存しているアニミズム的世界観は、その亜型であろう。外界とこころのなかが区別されていないのである。

　すなわち、不在が認知されるためには、外界と内界の区別が必要なのである。こころが〈一次過程〉で機能しているときには、フラストレーションにもちこたえることができない。ゆえに、欲求の充足を求めて行動しようとするばかりである。食餌を前にした犬や猫は、誰かに押し止められなければ、食らいつく行動をみずからは制御できない。生まれたばかりの乳児は、意図的行動はまったくとれない。しかしそれが故に、より行動に頼ろうとするだろう。それが、たとえば、泣きわめきばたつくという全身を使っての、フラストレーションの苦痛という具体物を排出しようという行動となる。しかしながら、こうした

反応には、生来的な個体差があるにちがいない。知覚の敏感さ、活力の有無、フラストレーション耐性の高低などが影響しよう。
　そうしたところで、フラストレーションに少し耐えられる乳児は、こころの〈二次過程〉を機能させる準備が先験的にできている、といえそうである。それは、**外界と内的世界の区別がいくらかどこかでできている**ことを含蓄するかもしれない。ゆえにそこに**幻想** illusion というこころに起源をもつ**万能空想** omnipotent phantasy が活動しやすいことにもなる。そこでは外界での"対象の不在"は、否認されるために認知されているようにある。

　不在の認知は、フラストレーションに耐えられたことから、苦痛という現実感覚が否定されず、「負の現実化」として"不在の対象（ない乳房）"がとり入れられることに始まる。それは、新しい機能を包含するこころの〈二次過程〉が始動することによる。"不在の対象"が認知されるためには、その対象が内在化されていなければならないし、その内在化が――原始的なかたちであるにしても――「思考」となっていて、具体物［β要素］という外界のもの自体と区別されるものであらねばならない。つまり、こころの内側の思考――［α要素］水準以上の思考――に変形されていなければならない。
　ここで、原始思考が考えること（考える機能）を刺激する、ということを忘れてはならない。それは乳児自身の考える機能を刺激するとともに、外界対象である母親のこころの装置、すなわち考えること／α機能を刺激する。それが、とりわけ外界の母親対象の［α機能］が、乳児の内界での［α要素］の生産を補ってくれるのである。このように、乳児に〈二次過程〉が確立されるには、考えることにおいて、外界の母親のこころに依拠している部分がある。
　この筋道からは、先述した幻想においては、［α要素］が出現し始めるもいまだ優勢ではない段階とみることになる。
　思考が内界に本格的に成立するには、すなわち"不在の対象"の認知には、［α機能］も、母親を通して乳児のこころに確実に内在化され、考えられる原始思考が、いわば自家生産されるようになる必要が

ある。

「負の現実化」における"不在の対象"の認知が進み、「ない乳房が、ある」、それから「乳房が、ない」と実感されるのは、外界に乳房が不在であると認知されているからだけではない。そうではなくて、苦痛という現実知覚が否認されないところで、外界の乳房の不在という現実は、内界の"ない乳房"という思考との対照で、外界において**発見されなければならないもの**なのである。

すなわち、"ない乳房"という思考と、苦痛という現実感覚が、外的世界にその対象がないという**現実を見出させる**のである。それは、内的に——さらに母親からの［α機能］の活動によって——思考が連接されることで初めて認知されるのである。それが先験的な「前概念」であるにしても、思考がないところには、そのものの存在が常時認知されることは起こらない。

認知するということばを、その対象が意識化されているか、前意識に準備されていてこころの作用でただちに意識化できるという持続的に意識化される感知の機能形態を意味しているとするなら、私たちは、思考や観念にできている対象を外界に見出すのであって、思考や観念にできていないものは、視野に収めていることはあっても、常に見逃しているのである。これはとりわけ、五感で感知できない外界対象——たとえば放射線、細菌・ウィールスなど——にあてはまることは明瞭すぎるが、実際には五感で感知できる対象にも普段に起こる。

臨 床 体 験

精神分析のなかで、そのアナライザンドはいつものように連想を始めた。

そこでは、日常生活に起こった最近の出来事やそれに関した彼女の思いが語られたのだった。それに関連して、彼女には「普通」へ非常に強いのこだわりがあったこと、あらゆる周りの人たちに普通にみら

れるようにと懸命に努力してきたことが語られた。そこには、これまで生きてきたなかで体験した苦しみを語らないことが含まれた。そしてそこから、普通でない、何かが欠けているとずっと彼女が感じてきていたことの話に向かった。

　耳を傾けていた私はそこで、彼女が「感じてきた」と過去形で語ったことに着目し、彼女に伝えた、〈その「何かが欠けている」との感じは、いまも、ここでも、あるのでしょう〉。彼女は肯定し、「こう話していても、それを実際感じている」と答えた。それから話は「幼い娘には、そうした何かが欠けているという体験は、いまのところないようだ」ということに進んだ。もの想いにいたところから私は、〈あなたに欠けている何かとは、お父さんからの愛情なのかもしれません〉と伝えた。

　彼女は『そうかもしれません』と言い、父親にまつわる連想を少し続けたあと、私とこうして一緒にいるのは安心なのに、ふっと気がつくと自分のなかで、私から放り出されると思っているのだと語った。男性とのあいだでは自分は忘れられてしまうとの確信を、彼女は悲しげに語り継いだ。

　「何かが欠けている」というのは、父親の存在であり、彼女にものごころがついたときには、父親はいなかった。しかしそれは、対象が不在なのではなく、彼女を放り出す対象が存在していると体験されていた。「何かが欠けている」という思考は存在していたが、それは考えられず（すなわち、「父親対象がいない」という思考には進展せず）、「普通」というものを外界にくまなく築くという方策によって取り扱われていた。こうして、こころのなかの対象の不在は、外界では決して発見されないようにされていたのである。

　次回のセッションに、彼女はこの日の朝にみた夢を持参してきたが、その夢とそれからの連想は彼女の認知の変化を表していた。
　夢では、彼女は幼い子どもでひとり寂しく遊んでいた。そこに大人の男性が現れ、彼女に好意をみせたが、次には車で彼女を轢こうとするのだった。彼女は反撃した。
　それに続いた連想では、彼女が小学校に入った頃、父親が一度だけ会いに来てふたりで一日過ごし、いろんなものを買ってもらいとても満足したことが語られた。しかしそれからほどなくして、「自分に何かが欠けている」気がついたと彼女は語ったのだった。この気づきは、このとき初めて想起されたことだった。それから彼女は、こうし

て私がいるが、いつかは分析に終わりが来て、会えなくなってしまうのだろうとしんみりと語った。

　この夢は、対象の不在が「苦しめてくる対象」の存在と認知されていたところから、"対象の不在"の認知へと変化していることを伝えている。満足を与えてくれる対象が存在し、それからそれがなくなっていること、すなわち不在が、いわば再体験されている過程がここにある。それによって外界の対象の不在が、内的な欠如感と再び連結した。そこから、外界の対象の不在が考えられるものになったのである。

V
不在の認知がもたらすもの
―― 対象の喪失 ――

母親対象のα機能と
二次過程での対象の不在

　述べてきたように、思考の生成、考える機能の活動という〈こころの二次過程〉の活動は、"対象の不在"という現実を、時間と空間からなる構造のなかでそれとして認知し、不在の意味を考え、不在がもたらす強度のフラストレーションにもちこたえる力を高めた。

　この展開において忘れてはならない重要なことは、こころが健康に発達するためのこの過程を、乳児がひとりで為すのではないことである。
　そもそも「欲求の満足」には外界対象は不可欠であった。続いて「考えること」においても、それは外界の母親対象の［α機能］に依拠してもいる。こうした外界対象との関係の質の変化にともなって"対象の不在"は、「欲求の充足」と「考えること」というふたつの面にかかわる"対象の不在"に変形する。その対象は、欲求の充足によって不在が意味を失う対象に止まらず、思考を与えてくれ考えてくれるという〈二次過程〉を協働してくれる対象である。だから、その不在は意味を失わない。すなわちそれは、対象の不在が〈二次過程〉的なそれになることである。それを今日、私たちはひとつの用語として〈対象喪失〉と概念化している。
　視点を変えれば、この「考える機能」を軸とする〈二次過程〉の質をもつ"対象の不在"が確実に認知されていなければ、〈対象喪失〉はそれとして体験されない。臨床場面においては、発生している事態

としては〈対象喪失〉ととらえられる状況——明白な例は、事故によって多数の死が発生したときの多くの家族の立場、失恋や、身体のひどい外傷や重い病い——であっても、それは実際には、〈対象喪失〉とはいえず、内的には"対象の不在"という〈二次過程〉化以前の課題に直面している状況でありうる。

希望と絶望

　こうして母親対象が〈二次過程〉の質をもつ対象として認知されるようになったとはいえ、当然のことながら、乳児の考えることによってもちこたえる力は万能ではない。そして現実には、何らかの理由で、長い時間にわたって対象が戻ってこないことや、対象が永遠に戻らないことがあるのである。そこにおいては、もはや不在の発見までの「悪い対象」の**幻覚**や「理想化されたよい対象」の**幻想**といった体験様式とは異なる、よい対象の確固たる存在に基づく"不在"が認識されているがゆえに派生する、新しいこころの感情が現れてくる。希望と絶望である。

　　　母親が病気になって入院しなくてはいけなくなったため、二歳の男の子が、遠いところに住む母親の姉に預けられた。
　　預けられた当初は、その男の子は母親を思って寂しがり、泣いたりむずかったりした。しかしやがて元気を取り戻し、母の姉である伯母に慣れ、楽しく遊ぶようになった。母子分離の三ヵ月後、病いから回復した母親は、息子を迎えにその姉のもとへ行った。久しぶりの母子の出会いであったが、息子は母親に何の感情反応も示さなかった。母親を見ても、喜ぶことも泣き出すこともなく、見知らぬ人にあったかのように、無表情で知らぬ素振りだった。一方で姉たちとは楽しそうにするのだった。母親は、我が子のその様子に大きな衝撃を受けた。そして、「この子はもはや自分を忘れ、姉に懐いてしまった」と思った。こうして母親はその子を伯母のもとに残し、寂しくひとり帰った。
　　それからその男の子は、伯母を母親として育てられた。勉強にも運

動にも、とびっきり優れた活発な子どもとして育った。友達のなかでのリーダー的存在として活躍し、高校のときには生徒会に加わった。だが、その生徒会の生徒間でうまくいかないことが起こったとき、この子は豹変した。それまでの明るく勤勉な態度は様変わりし、勉学には怠惰になって、遊びまわる子に変わった。それは、なんとか高校を卒業しても変わらず、まともに仕事に就かず賭け事にはまっていた。

　伯母はこうなった彼を持て余し、遠方に住む母親に引き取るように要求し、母親が引き取った。こうして彼は、二十数年ぶりに母親のもとに戻ることができたのだった。放蕩息子の帰還は遂になし遂げられた。その彼にとっての"対象の不在"は、ようやく終焉した。しかし、彼の態度は変わらなかった。働こうとせず、お金を盗っては賭け事に走った。それはまるで、かつて賭けられた彼が、今度は賭ける側になっていることであるかのようだった。

　繰り返される"不在"には、必然的に次の帰結がともなう。不在である対象がやがて回帰する、あるいは、不在がそのまま持続する。それにかかわる感情を表現するなら、それらは、希望と絶望である。

　前者の場合は、苦悩は発生し難い。なぜなら、そのよい対象は、いまは不在であるが、まもなく戻ってくるという期待がそこに保持されている。つまり時間的にも空間的にも「不在という空白は限られている」と感じられている。ここでは、よい対象の回帰による「快の充足」が基本的に期待されているのである。希望は大きく膨らむことで、苦悩を消し去るのである。

　しかし後者、不在が続くことは、まったく異なる情緒体験の様相を発現させる。対象がかつていた空間／場所の空白がそのままで続くことである。よい対象の回帰がもたらすだろう未来の充足という希望は、いつまでも充たされない。やがて、その希望は、「空白が続く怖れ」へと変質する。それから、この対象は戻らない、その不在は埋まらないという、「空洞を感じる感情」がここに発生する。絶望である。

　希望から絶望へという揺れは、絶望の怖れから絶望への揺れへと移行していく。それは、「よい対象は確かに存在している。だが、それはみずからの視野に入ることを、みずからにかかわることを、もはやしない」「そのよい対象は私から離れて行ってしまった」あるいは

「私はよい対象から見捨てられた」という絶望と無力の苦悩が始まるのである。**その対象は私にとって失われたのである。**

こころの痛み

　かつての"対象の不在"は外界での体験であり、内的には、幻覚性の「悪い対象」からの具体的な迫害であった。しかしこの時点での"対象の不在"は、外的体験であると同時に内的体験でもある。すなわちそれは、単にそこに対象がいないとのことではない。確かに外界に対象はいない。それはそれ以上に、**愛情が得られない**ことを知る「内なる苦悩」なのである。愛情という、具体的に目に見えないにもかかわらず生きていくのに不可欠なこころの糧が得られないとの絶望的な思いが、「内にひりひりと疼く体験」なのである。

　外からの脅かし、迫害ではなく、**こころの痛み**という内なるこころが感じるものの表現がようやくここに使用できる。それは、身体という具体物は生き続けるとしても「こころは苦しみ、衰え、死んでいく」と感じられるこころの感覚である。そして、外界での"対象の不在"を知るほどに、こころに生気を吹き込んでくれる愛情はもう得られない。喪失のこころの痛み、悲哀、悲痛は激しくなる。

対象喪失の発見

　不在であることについてのこころの新たな体験様式が、ここにある。"対象の不在"は、対象を**失っている**という認知に変形された。これを〈対象喪失〉と呼ぶ。

　"対象の不在"は、その性質を変えたのである。"対象の不在"は発見され認知され、それは私たちの「こころの内なる世界」をそれとし

て確かなものと認識させてくれた。そして、そのこころの世界での"対象の不在"は、内界の現実としての〈対象喪失〉の発見となった。

　〈対象喪失〉の発見は、そのこころにどう対応されるのだろうか。この発見がなされた、時間と空間を受け入れた**現実原則のもとでの認知**に沿って、さらにその体験を消化していくことになるのだろう。すなわち、現実原則に従うこころのはたらき、〈二次過程〉思考のもとに、こころの作業は進展していく。それは本来的には、こころの〈二次過程〉での体験様式として成就されるものである。

　それはどんなことなのか。「対象を喪失している」との現実を、それとして認めるこころの作業である。つまるところ、対象の再獲得の断念、**諦念**である。"不在"の認識がもたらすものとしてのこの〈対象喪失〉、失われたものを認知することは、激しい心痛を伴うこころの体験である。しかしその作業は進められなくてはならない。

　次の部では、それを見ていく。

第三部

対象の不在／対象喪失

対象が不在であることの認知から、〈対象喪失〉という新たな体験の様態が私たちのこころに成立したことを、第二部「対象の不在」の最後に述べた。

　〈対象喪失〉は、次の特徴を備えた体験であった。
　対象の不在が、外界の出来事から内界の現実、心的事実になっている。ゆえに、喪失というこの現実は外的迫害ではなく、こころの痛みを惹起する。それは心的事実としての対象喪失を認容するためのこころの作業を必要とする。
　このこころの作業の基盤は、現実原則に基づくこころの〈二次過程〉——すなわち「考えること」——に置かれる。すなわち〈対象喪失〉は、"対象の不在"が「思考化」されたところに初めて認知されているものである。しかしながら、この「思考化」のさらなる進展の成否は、現実原則の保持にかかっている。そこには不可避ともいえる困難も伴っている。そこでこれから、〈対象喪失〉にかかわるこころの作業をみていくことにしたい。

　まず、「対象の喪失」という外界での体験に戻ろう。すなわち、現象として表面上は「対象の喪失」と受け取られる事態を、私たちがどう取り扱おうとしていくかについてである。
　外界での「対象の喪失」は、必ずしも内的な体験としての〈対象喪失〉に合致して対処されるわけではない。そのこころの痛みの激しさゆえに、失われた対象を面前にして、むしろ〈二次過程〉が踏み外され、原始的なこころのはたらきが圧倒的に前面に出てくることさえ少なくない。

I
対象の喪失への対処
――失われた対象――

「失われた対象」は、この場にいることはもはやできない。死んだ対象を生き返らせることはできないし、傷つけた対象の傷がなかったことにはできない。生きている対象・無傷な対象という**この場にいないもの**に、私たちはどうしたらかかわることができるのだろうか。それは、永遠に不在なのである。

外界のそれらの「失われた対象」そのものにかかわっているなら、どうすることもできないのは、死んだ対象を生き返らせることができない、などの例で述べたとおりである。しかしその「失われた対象」にまつわる鮮明な感情や思考が、喪失を体験している主体の内側に不可避に現れ、苦痛な感覚として強烈に衝迫してくることは、こころに発生した新たな事実である。その激しい痛みは、性急な対処をこころに求める。

かつて"対象の不在"への対処として見出された方法は、その対象をそこに存在しているもの、失われていないものとして幻覚、もしくは幻想することであった。しかしこの方法では、いま主体に切迫しているこの苦痛な感情を終局的には処理できないことは明らかだった。詰まるところは、苦痛・苦悩を高めるだけであった〔第一部を参照〕。ましてや、内的な事実として"対象の不在"が感知されているのであるから、幻覚によって外界を作り変えても、もはやそれに準じた内界の変形は成立しないのは明白である。いまでは、こころは幻覚を、外界の

事実としてではなく「私に生じている幻覚として」、別の表現を使うなら「私のまったくの錯覚として」認識してしまうのである。同じく幻想も、同様な運命をたどる。

失われた対象との同一化

　そこで試みられる対処法は、みずからが「失われた対象」になってしまうことである。つまり〈同一化 *identification*〉と呼ばれる方法を使うことである。自分自身が対象そのものになってしまうなら、対象は失われない。この方法では、みずからの本体を〈とり入れ〉によって変形することにより、「失われた対象」を保持する。ただしそこでは、その代価として、自分自身のアイデンティティが失われる。

　　　統合失調症であった小学六年生の男の子は、子猫をかわいがり一緒に寝ていたが、ある夜、寝ているあいだに子猫を下敷きにしてしまい、その子猫を死なしてしまった。朝になってそのことに気づいたこの子は茫然自失に至ったが、それから這って動き回るようになった。ことばも発さなくなった。その子は猫になったのである。それは一週間ほど続いた。

　この例のように、喪失の絶望や罪悪感への対処としてのこの〈〈とり入れ〉同一化〉という方法は、ごく短い期間なら利用できる。しかし長くはできない。なぜなら、自分自身が失われたままでい続けることは不可能だからである。それは、自己が崩壊した重篤な精神病のこころの状態にとどまり続けるときのみに可能である。

　ちなみに、自分自身が失われた段階のままで、別の対象の〈とり入れ同一化〉がいまだなされていないという不全型は、全生活史健忘、あるいは解離性パーソナリティ障害といわれる病態を呈した人たちに見ることができる。この人たちは何らかの〈対象喪失〉の切迫に反応して、この病理を呈する［松木 1979/1981 年］。彼らは自分が誰なのか、まっ

たくわからない。一方、それ以外の物事——たとえば日常生活に必要な社会知識、文字の解読、機具の活用法など——はわかっている。自分自身のアイデンティティにかかわる知識のみを喪失しているのである。しかしいずれ時の流れのなかで、抑うつ感情を伴って、失われていた自己のアイデンティティは必ず戻ってきてしまうのである。

　ここまでは、喪失の認知はありながら、それでも「対象の喪失」という外的事実を消してしまう、もしくは無にしてしまう対処法であった。これらは、失われた対象を全面的に否認するという、いわば〈一次過程〉の使用に退行した方法である。それに対して、外界の現実を否認することではないやり方で内的な喪失体験を取り扱おうとする対処法がある。そこでは、外界の失われた対象そのものよりも、内界に感知されている苦悩に焦点があてられる。

同害による償い
—— 内的苦悩への具体的な対処 ——

　ひとつは、その対象と同じ喪失状況に自分を置くことである。すなわち対象が失われた結果をもたらした同じ損傷を自分自身に与える、またはその損傷と等価かそれ以上のものを自分に押しつけるというやり方である。これは同害報復——目には目を、歯には歯を——を使用している、自己懲罰による償いである。この方法は、失われた対象が体験したであろう苦痛、もしくはそれ以上の苦痛をみずからが積極的に負うものである。

　この極端な形態には「追い腹」がある。主君が病気などで亡くなったとき、家臣が切腹することである。もっと日常的なかたちとして、何らかの不手際で誰かを怪我させてしまった人が、意識的にか無意識的にか、その人自身もひどい怪我を負ってしまうことが認められることがある。この対処のもっと穏やかな形態としては、身内の死後に酒やタバコ、甘いものといった好物を断つといった禁欲にみずからを置

くことがある。最近はすたれているが、死者が出た家族がそれからの数日を精進料理で過ごすという宗教儀式も、社会化されたこの方法であろう。

　失われた対象へのこうした具体的な対処法は、「対象の喪失」からこころに罪悪感という感情が発生していることを示している。この対処法を通して、「対象の喪失」に至らしめた起因と思われる傷や苦痛を自分も負うことで、「罪を償う」「贖う」「気がすむ」という罪悪感情の処理をもたらしうる。

　しかしこの対処行為によって、失われた対象の気がすむことが目指され、それによって喪失した人の気がすむことはあっても、つまり償いや贖いは具体的に実行されても、その失われた対象の修復はなされない。そこに発生するのは、失われるものの追加・増産である。それは、もし同害による償いでは失われた対象が許していないことがその主体に何らかのかたちで感知されるなら、彼／彼女は自分に向けた害罰をどこまでもエスカレートさせざるを得なくなる。誰かを死なしてしまったと感じている人は、みずからの生命を断つしかない。

　　　当時、独身であったため出産・育児はできないと思い悩んだある女性は、妊娠中絶手術を受けた。そのことは彼女がみずからを「堕胎をした人殺し」と位置づけ、そもそも生きていることが許されない人間である、生きている以上は苦しみつづけねばならないと、自己処罰となる行為を求め続けた。あらゆることを懲罰として、彼女自身が不幸で苦悩することになるように、意識的無意識的に方向づけようとした。

よいものの提供による償い

　失われた対象への罪悪感の賠償形態に、「よいものを具体的に提供することで償う」という、もうひとつの対処法がある。これは、誰かに損傷を与えた場合、品物を持参して見舞いに行く、賠償物・賠償金など、手に入れられる金品を提供するという、社会の謝罪形式として

今日も認められる方策である。この対処法は、よいものを提供しそれによって罪悪感情を償うという目的があると同時に、その対象が恨みや憤懣を抱き報復をしてくるかもしれないとの恐怖に基づいた、遺恨をなだめようとする被害感情も含まれうる。

　ある女性は、幼い物心ついたときから母親に「あんたがいたから、わたしは不幸になった」となじられ、殴る蹴るなど、さまざまな仕打ちを彼女は受けてきていた。「裕福な家に育った」とみずからいう母親は、学生時代に当時バーテンだったこの女性の父親となった男性と知り合い、彼女を妊娠したため結婚した。だが、この男性は働こうとしない人で、生活はひどく困窮したようである。まもなく離婚した母親は、水商売で働き始めた。母親からは、こうした「不幸な」事態はすべて彼女が引き起こしたとされた。
　子どもの頃から彼女は死にたかったが、死ねないままに高校を卒業した彼女は、正式な就職での仕事のほかにアルバイトをし、三、四時間ほどのわずかの睡眠時間で過ごす働き方を続けた。そして、それらの仕事で得た収入のほとんどは、住居費や食費、母親がつくったローンの支払いなどのために母親に与えた。それでも母親は、自身が質屋に入れていた宝石類が流れないために利子を払わねばならないと、彼女にさらにお金を求めた。彼女はそのためもうひとつのアルバイトを始め、眠る時間はほとんどなくなった。彼女は過労でときどき倒れるようになった。しかしそれでも彼女は働き続け、母親にお金を渡そうとし続けた。彼女の考えでは、母親を「不幸」にした罪を償うには、そうするよりどうすることもできなかった。

　この罪悪感の取り扱い方は、失われるものの増産を生まないところは評価されるところが、社会儀式として今日も活用されている所以であろう。けれども、この例にみるように、よいものの具体的な提供による償いも、容赦してくれない対象に向かい合っているとき、終わりのないよいものの提供やエスカレートしていく償いとして無限の賠償行為になってしまいかねない。失われた対象は底なし沼のような貪欲さをもって食いついてくるかのようである。ここには、具体的な行為による償いがもつ限界が露わになる。

Ⅰ　対象の喪失への対処

それでは、失われたり傷ついたりした対象へのどのようなはたらきかけが、絶望感や罪悪感を収め、償いの達成、内的な成就感につながるのだろうか。具体的な対象に具体的にかかわる方策ではない対処が求められよう。修復しようと願うなら、それに代わる手段が必要とされる。

象徴の使用

　もし、失われた対象そのものではないかも知れないが、失われた**対象でもありうるもの**にかかわることができるのなら、それに向けて償いや修復のかかわりができる可能性があるだろう。この失われた対象でもありうるものとなるのが、象徴である。

具体象徴 *concrete symbol*

　私たちが亡き親や祖父母の骨、幼くして死んだ身内の骨が納まっている墓に行き、その墓を清掃し花や酒を添え、お参りをするのは、その墓が亡き人たちの具体象徴だからである。すなわち墓は、組み合わされ人名が刻まれた石からなる外界に置かれている具体物であるが、それが私たちの先祖を表わす象徴としても機能している。丁寧に弔うという具体的な修復や償いの行為——儀式化しやすいものではあるし、この儀式化に付随する未修復の病理を表わしているのが強迫神経症である——を実行し、私たちは亡くなった身内に感じている内なる罪悪感や絶望感、無力感、そして償いや修復の衝迫に折り合いをつける。

　このように、外界の具体物がそれそのものであるだけでなく、別のものを象徴してもいることは、日常生活のなかに少なくない。たとえば鳩という鳥は平和を体現している具体的な象徴と受け取られ、平和を祈る儀式において野に放たれ自由に飛び回る。それは、平和が自由に広がってもらいたいとの戦争での死傷した人たちへの修復の想いを

飛翔する鳩の具体的な動きで象徴している。鳩は鳥の一種にすぎないが、その儀式にかかわる人たちには、鳥としての鳩であるとしても、同時に平和を表わす具体象徴である。

こうした具体象徴を通しての償いや修復は、たとえば菊池寛が『恩讐の彼方』に著わした、青の洞門の逸話にある。

> 殺傷沙汰でひとりの同僚を殺してしまったある武士が、大分県山間部の渓谷に行き着き、その耶馬渓の難所を渡るときにあまりの狭さに崖から人や馬が落ちてしまい、絶えず死者を出していることを知る。彼は、その絶壁に安全な通り道を築こうと決心する。それから何十年もかけて、ひとりで鑿(のみ)を使って洞窟を掘り抜いていくことで、人馬を死の危険から解放する事業を達成した。

ここにおいては、失われた対象／殺してしまった同僚はいったん内在化されている。そしてそれが、絶壁に表される荒ぶれた自然という外界対象——おそらく死という決定的喪失の憤怒によって報復の殺人を繰り返している同僚——に投影され、武士はみずからに苦行を課し、その具体行為による修復・償いが試みられている。これは、人を殺したという罪悪感から発生している、人を死から守るという償いの行為であるとともに、みずからの死に対等な死をもって報いようとする、荒ぶれた死んだ対象を穏やかな姿に修復しようとする行為でもある。

象徴系列の水準	文字系列の水準
(外界の) 事物 (具体物／もの自体)	
象徴等価物	
具体象徴	
〈↑外界にあるもの〉	
〈↓内的世界のもの：こころのなかで扱えるもの〉	表意文字
象徴表象 (イマーゴ、象徴イメージ)	
抽象性の象徴 (記号・表音文字による表記)	表音文字

表8. 象徴の水準

象徴表象 *symbolic representation*

　そうではなく、もっと内的な体験のままでの修復や償いもありうるだろう。

　それは、こころのなかで失われた誰かを表わす象徴対象を思い浮かべて、詫びる、弔う、祈る、誓うとの行為で表現される。このとき失われた対象を表わす象徴が、やはり視覚要素が大きい水準の象徴──たとえば、亡父・亡母のイメージ像やゆかりの品、思い出の場所、仏陀やキリストの像を思い浮かべる──であるなら、象徴表象がこのとき活用されているのである。これは夢物語的なものであり、思考においては［夢思考・夢・神話］水準での象徴の機能である。

　この象徴表象を使用する償いや修復は、具体象徴の使用とは異なり、外界の具体的な状況に縛られないという空間と時間での自由を獲得している。それによって、こころの体験としての謝罪や償い、修復を存分に遂行できる。また、象徴の種類の拡がりは、それらの機会を増やしもする。

　ただ、そのときの主体の行為は、内在化されているとはいえ、「内心で」という心的活動のみに収まらない、イメージ化された対象にはたらきかけるために、「頭を下げる」「お供えをする」といった具体的な償いのふるまいをおこなうという、幾らか具体的なものに向かいやすいだろう。

抽象性の象徴 *sign symbol*

　「対象の喪失」がさらに柔軟に取り扱われるのには、その象徴が象徴表象からもう一歩、抽象化されて、抽象的な象徴であるとよい。それは卍や十といった記号、「おかあさん」「father」といった表音文字の組み合わせによる抽象的な象徴を使い、そこに意識的に使われる概念水準の思考と併用することで、もっと純粋に内的に対処されるというかたちの償い、修復がありうるのである。

抽象性の象徴を使うこれらの形態の償い・修復は、記号化された対象表象を別の文字表象——たとえば別の文字やことば——とつなぐことによって、失われた対象にまつわる感情や思い、考えを、よりこまやかにこころの襞(ひだ)まで表わし出すことができるし、そこに失われた対象との繊細な交流が進む。

　こうして記号であることばを使用して話すこと、書くことによって思いを表わすという表現形式が、失われた対象の償いや修復にかかわる。それは神への「告白」や「懺悔」という特別な形態をとることもないわけではないが、記号性の象徴で表されている失った対象への思いを私たちがこころに抱き、そこから湧き上がる思考や感情をことば／文字によって意識化しながら、それらの思いを味わい続け、しみじみと思いを重ねるのである。ここでの思いの進展についてはのちに触れる。

　たとえば書物に「私を慈しんでくれた亡き父母に捧げる」と記されているのは、修復のひとつの形態であり、「亡き父母」という文字に失われた対象が象徴されている。文字で構成されているその著作自体が失われた対象への償いであろう。また、本という具体物が償い・修復を象徴してもいる。また同様に、悲惨な事故などの発生現場に築かれたモニュメントに書かれている文章は、償い・修復の象徴である。記号であることば／文字を使うことで、対象喪失にまつわるさまざまな思い——悲しみ・悔い・罪悪感・哀悼・思慕等——が、意識的に、そして繊細に表れされる。

　前述の例にみるように、象徴は、具体象徴と象徴表象、抽象性の象徴が組み合わされるかたちで使用されることになる。ただそこでは、抽象／記号性の象徴が十分に利用されていることが、そして必要に応じて象徴表象が使用されていることが、償いや修復の自由度や精度を高めるために欠かせない。

　そうした象徴を活用した思いの拡がりから、さらに新しい何か——たとえば詩・物語・音楽・演劇・映画・絵画など——を生み出しうる。また、個人のこころのなかでも、その失われた対象の象徴が別のここ

ろの作業——ある種の創作・生産・修理・弔いなど——と結びつくなら、そこから生産的に発展するものがあるだろう。ここにおいて、償いや修復が創造に進展する。スィーガル〔Segal, H. 1979, 1991〕が述べていたように、おそらく真の創造活動は、失われた対象の修復と償いを基盤にして発生するものだろう。そして、その作業の遂行に不可欠の基盤を提供するのが、象徴であり思考である。

　これまで「対象の喪失」すなわち失われた対象へのこころの対処を見てきたが、それらは、発生してきた罪悪感に向けたより原始的な対処法に始まり、償いや修復を確実にする洗練された方法に向かっていった。
　それでは、失われた対象への健全なこころのかかわりとはどのようなものなのか。「〈対象喪失〉という、"対象の不在" への新たな〈二次過程〉的体験様式が、どのように保持されるのか」ということこそが、まさに私たちが細かに知る必要のあることであろう。対象喪失にかかわる私たちのこころの作業は、オーソドックスにはどのように進められるか、である。

II

対象喪失の対処過程
―― 喪の哀悼の過程 ――

喪失にかかわる二つの概念

　ここで精神分析史に目を向けるなら、この〈対象喪失〉とその健全な対処の過程を取り扱っている、ふたつの重要な概念がすでに提示されていることに気づかないわけにはいかない。加えて、先人のこれらの業績を正しく評価することが、〈対象喪失〉の理解を堅実に進めるためには不可欠である。なぜなら、それらは対象関係論が展開するその序盤において基礎をつくった概念であり、その発達史の重要部分だからである。
　そのふたつの概念とは、フロイトが提出した**喪の哀悼の仕事**と、クラインの**抑うつ態勢**である。

喪の哀悼の仕事 mourning work

　喪の哀悼の仕事は、フロイトが提示した、成人にみられる〈対象喪失〉時のこころの活動にかかわる概念である。この概念は、まさに対象を失うことそのものにかかわる臨床概念であり、それが意味している心的活動を抜きに喪失という体験を語ることはできない。グリーフ・ワーク grief work〔Lindemann, E.〕や臨死患者の死を受容する過程〔Kubler-Ross, E.〕は、この概念をある限定された状況に応用的に変形したものに過ぎないことは述べるまでもない。

抑うつ態勢 *depressive position*

　もうひとつの概念は、クラインの乳幼児の心的発達にかかわる態勢 *position* 論での**抑うつ態勢**という概念である。この概念は、乳児が生後まもなく為す最初のこころの組織化である「妄想 - 分裂態勢 *paranoid-schizoid position*」に続く、乳児期後半での多様な体験を包括している、ひとつのまとまった配置をもつ心的組織である。そして、離乳に象徴される、よい乳房／よい母親を失うという喪失にまつわる原初的な怖れや、その怖れに対応していく心的な構えが、その中核にある。

　態勢論は、"対象の不在"にまつわる体験の質の違いを、「妄想 - 分裂態勢」期から「抑うつ態勢」期に進展するという乳児の心的発達との関連で識別するもので、この識別は、**喪の哀悼の仕事**が可能になる発達水準としての**抑うつ態勢**を明瞭に浮かび上がらせた。それは、人生最初の**喪の哀悼の仕事**がこの時期になされることも意味する。ちなみにＪ・ボウルビィが愛着理論 *Attachment Theory* を形成していった二歳児の母親との分離体験の観察は、この**抑うつ態勢**についての観察研究とみることができる。ボウルビィは、クラインのスーパーヴィジョンをはじめ、クライン派精神分析の訓練を受けた人だった。

　抑うつ態勢は、愛着と生存にかかわる乳房を手放すという離乳に象徴されるように、生き始めた人生において初めて喪の哀悼を体験するときであるのだが、それ以前の乳児にとって最初のこころの組織化である「妄想 - 分裂態勢」と関連づけられて明瞭な意義をもつ。

　これから、"対象の不在"から発生する思考としての〈対象喪失〉を、〈二次過程〉的体験様式を表わす**喪の哀悼の仕事・抑うつ態勢**という二つの概念から省察していくが、まず喪の哀悼の仕事から始めよう。

成人にみる喪の哀悼の仕事

　mourning という英語は、悲しむ・哀悼する・喪に服することを意味する mourn の動名詞である。日本語にするなら、「喪に服し悲しみ悼むこと」と訳されるべきであろう。喪に服するという行為だけでなく、悲しみ／哀しみの感情を含んでいる。mourning work は「喪の作業」「悲哀の仕事」などと訳出されてきている。けれども、述べてきたような含意から私は「喪の哀悼の仕事」と呼ぶ。喪失という体験と、そこからの哀悼の感情とをなす、こころの大切な仕事だからである。

　これはまさに、対象を失うことへのこころの対応のプロセスであるが、ここでの対象は、そもそもの対象 object の定義に添っており、人物に限定されるのではない。人でもあれば、飼い犬といったペットでもありうるし、愛車や趣味の品でもありうる。それだけではない。たとえば事故で麻痺した右腕、失明といった自らの身体部分、志望資格や志望校、達成目標、内的な誇りや理想の拠りどころも、対象である。つまり対象とは、私たちが客観的に自らの対置に位置づけてそれを認識することができるものである。外界の人やもの、身体や精神というみずからの一部、抽象的な目標やそれを象徴するものが対象である。

　ゆえにその喪失とは、人では死別・別離・心的拒絶（たとえば失恋・無視・虐待）において体験されるが、事故や病気などで身体の機能や健康を失うこと、入試や資格試験の失敗、仕事や目標達成の失敗・不成就を含む。

　このように、それまで手に入れていた、あるいは手に入るものと感じていた、よいものと認識されていた（もしくは認識される）何か――すなわち（広義の）愛情をむけていた何か――を失うことが、対象喪失である。

フロイトの考え

　論文「悲哀とメランコリー」Mourning and Melancholia (1917) においてフロイトは、〈対象喪失〉に際しての健康人の正常な喪の哀悼 mourning と抑うつ症 depression（精神病性うつ病、うつ病）の識別を試みた。すなわちフロイトは「対象喪失への反応が、その現実を受け入れることで健康に悲しまれる事態と、その現実を否認することで抑うつに陥るという病的な事態に分かれる」ことを認識し、その対照を試みた。「喪の哀悼と抑うつ症のどちらも、対象喪失にまつわる苦痛な感情が主徴であることには変わりない」という共通項から始まるが、差異は次のところにあるとフロイトは述べた。
　第一に、喪の哀悼の特徴は、喪失の事実だけでなく、喪失したものが何なのかがはっきりと知られているが、抑うつ症では、何を失くしたのかは知らないのである。
　第二として、抑うつ症は、喪失対象への愛憎の両感情を著しくアンビバレントに抱き続けることが特徴である。
　第三に、正常な喪の哀悼では自責感・罪悪感が認められる一方、精神病性うつ病では、自己非難の自己のなかに重要な他者が含まれている。つまり、その非難はとり入れ同一化している他者（対象）への非難なのである。
　たとえばある老女は、世界中の戦争や紛争は全部、自分が悪いためだと語った。ここでは、人類すべてが万能的にとり入れ同一化され、戦争・紛争にかかわる人たちが悪とされている。あるいは抑うつ症では、罪悪感や自責のようでその内実は、そうした罪悪を感じさせている他者への非難であるという、本質的に罪悪を感じさせられているという被害意識がある。たとえば、上司が無責任で理解がないために自分がたくさんの責任を負わされ苦しんでいると訴えるように、である。ここでは、対象からの迫害が体験されている。
　ここに明瞭なことは、「抑うつ症は、喪の哀悼の仕事が渋滞している事態であり、喪の仕事での正常な過程からの何らかの逸脱によって

生じているものである」ということである。すなわち、対象喪失の事実やそれがもたらす感情——悲哀・罪悪感・絶望感・無力感——に直面することができず、喪の哀悼の過程から自己愛的に退避してしまうとき、抑うつが発生する。

それでは、**喪の哀悼の仕事**とはどのようなものであろうか【表9】。

それは、「対象喪失をそのまま受け容れ、その絶対的事実を認識し続けて、悲しみ悼んでいくこと」である。それはいわば、失った対象との関係性をさまざまに考え続けることでもある。当然ながらそのとき、悲しみ、絶望感や無力感、罪悪感というこころの痛みを避けず、味わいつくすことである。やがていつか、そこに諦観が生じ、ようやく新たな対象に向かうことになる。実際これは、心理療法を実践していく過程で私たちがそれとは意図しないながら、クライエントのなかから発生してきたテーマに添って導くことの多いプロセスでもある。

前に触れているように、人生最初のこの過程は、このあと述べる乳幼児期の**抑うつ態勢**のワークスルーとして体験される。抑うつ態勢のワークスルーとは、原初的な喪の哀悼の過程なのである。ゆえに、この乳幼児期の作業の達成水準が、その後の人生での**喪の哀悼の仕事**を成就する基盤となる。言い換えるなら、その後の人生で不可避に発生する喪の哀悼の仕事がどこまで到達可能かは、乳幼児期の作業に大きく左右される。

対象喪失に対応する健康な悲しみ（⇒　心理療法で導くプロセスでもある）
喪失を悲しみ、哀悼し、喪失を受け容れ、新たな対象に向かう
過程をなし遂げるこころの作業
その最初の過程は、乳幼児期の抑うつ態勢のワークスルーに始まる
このときの達成度が、その後の喪の哀悼の仕事の達成の基盤
人生は、その過程の繰り返し

表9．喪の哀悼の仕事　mourning work

喪の哀悼の仕事の過程

　それでは、健康なその過程を述べてみよう【表10】。

　強烈な喪失体験を想定するほうが、この過程を認識しやすいであろう。

　それは、喪失——親しい人の死、試験や仕事の失敗、失恋、右腕の麻痺など——が感知されたところから始まる。

　感知された瞬間、それは外界の出来事としては知覚されているが、こころはそれに反応しない。その衝撃はあまりに大きすぎて、こころはとらえられず麻痺してしまう。離人感のように、感情がわからない、あるいは何も感じないというのがそのときの体験である。実感が湧かず（脱現実化 de-realization）、考えることもできない。感知後の茫然自失といってよいであろう。この感情と思考の麻痺がしばらく続く。それは数分のこともあれば、数ヵ月やそれ以上に及ぶことも稀ではない。

　そして続くのは、喪失という事実の受容と拒絶／否認のあいだの大きな揺れである。

　それは、感じられ始めた諸感情の大きな揺れでもある。突然に悲しみが襲ってくることもあれば、激しい怒りの感情が湧き上がる。喪失という事実を受け容れねばならないことへの憤りである。あるいは喪失が「置いていかれた」「放置された」と感じられるための恨みであ

（1）**喪失の感知** ⇒無感覚、茫然自失

（2）**対象喪失という事実の拒絶／否認と受け容れの動揺**
　　　　　対象からの（被害的な）拒絶感：怒り・不機嫌、恨み、快活さ（躁的防衛）の混入
　　　　　万能的な再生・修復の努力と悲哀、罪悪感、思慕

（3）**対象喪失の受け容れと諦念の始まり**
　　　　　⇒　喪失感：絶望、失意、無力、孤独
　　　　　　　思慕・哀悼：悲哀、悔い、罪悪感

（4）**こころの痛み、哀しみを受け容れ、それにもちこたえること**
　　　　　　　新たな感情：償い、感謝、謝恩
　　　　　⇒　内的よい対象の再発見と暖かな内的交流：
　　　　　　　　よい思い出、こころに残ることば、してもらったこと等

表10．喪の哀悼の仕事の過程

る。喪失を遥かに過ぎ去った過去のこととする、すっかり横に置くという気持ちで快活な気分になったりもする。いわゆる躁の気分である（躁的防衛）。これらの感情は、自分のものとしてこころに生じてくるというよりは、こころに突然に噴出してくる、あるいは支配してくるという表現が適うものである。

　しかし、それらの感情からやがて、悲しみ、悲哀が本流となる。

　失った対象とのさまざまな交流や出来事が思い浮かぶが、それらの想起は、思慕や悔い、罪悪感、孤独感をなまなましく呼び起こし、絶望や無力を強く感じさせる。それらの思いに浸りながら、喪失の悲しみは味わい続けられる。こころは痛み続ける。それは、どこまでも果てしなく続き深まっていくものとして、ときにひどく怖ろしいものである。

　これらの感情が大きく波打ちながら、やがて喪失は受け容れられ、「諦め」という思いが肯定的なものとして、考えられ始める。そこにおいては、対象のよさがしみじみと味わわれ、そのよい対象、対象のよさが自分のなかに確実に保持されているという感覚を確かになってくる。

　「悲しみ」は底なしに続くようであったが、いつのまにかやがて「哀悼」を含む「哀しみ」と呼べるものに変わる。それは、「失ったことも悲しいが、自分という存在も悲しい」、また「生きていることは悲しいことでもある」という、生きとし生けるものへの慈しみ、哀しみである。逆説的なようだが、そこには、いま生きている自他への明確な信頼がある。

　この「悲しみ」が「哀しみ」に変わることが、大きな転換である。

喪の哀悼の仕事の達成

　「哀しみ」の想いにいることから、その想いにまつわる関係性の範囲は広がり、失った対象だけでなく、現在かかわっている対象、さら

にはかかわることができる対象も視野に入ってくる。それらの対象と現在ともにいることの貴重さが認識されるし、それらの対象を失う怖れや、それらの対象へのこれまでの自分自身のかかわりも自覚される。

　これらの感知・自覚は、そうしたかかわりが含んでいた邪気や欲望などにまつわる罪悪や悔いの思いを、自分のなかに自然に湧いてきたもの、必然的なものとして感じさせる。

　この感覚は、処罰や報復を怖れるゆえに抱える罪意識——すなわち迫害的罪悪感——とは明らかに質を異にしている。さらに「慈しみ」の想いから、過去そして現在の対象への感謝や修復、償いの思いを湧き上がらせる。

　それだけではない。罪悪感や悔いの感知、償いや修復をめざした他者へのはたらきかけは、おのずと、そうした償う力、修復する能力の限界を認識することをもたらす。

　ここでは、自己愛的万能感が放棄される。すなわち、等身大の自分、ありのままが受け容れられようとするのである。それは、失敗や間違い、苦い経験を他者のせいに帰することなく、自分にある問題としてそのまま認め、それとして内省することを可能にする。こうして、失敗や経験から学ぶ能力を、この機会を通して高める。いやおそらく、この機会に内省し熟考することによって初めて、私たちは失敗や経験からほんとうに学ぶことができるようになるのだろう。

　喪失の痛みを真に味わうこと、そして罪悪感をみずからの内なるものとして感じることは、この苦痛のつらさを知るだけではなく、「愛する人たちが同様の痛みを味わわなくてよいようにしたい」との願いをもたらす。この願いが「思い遣り」「気遣い」というこころのはたらきとなる。真の「思い遣り」とは、このようにして喪の哀悼の過程に自然に生まれるものである。

（1）確かなよい内的対象の確立⇒　自他への信頼、外界への関心の広がり

（2）他者のこころの痛みへの思い遣り

（3）健康な罪悪感の深まり　／被害的でない

（4）限界やありのままの受け容れ　／万能感の放棄

（5）失敗や経験から学ぶ能力の向上　／他罰でない

表11．その遂行によるこころの成熟

このようにしてみると、**喪の哀悼の仕事**がなし遂げるものの質は、現実原則の確かな確立ということができる。

しかし大切なことはそれだけではなく、現実原則確立の質である。その現実原則が、最終的なみずからの欲求の充足のためのもの——現実原則による快感原則の置き換えとは、快感原則の廃止を意味するのではなく、むしろその確保を意味する〔フロイト、前述〕——ということを超えて、「他者の思いを、現実原則を受け容れたみずからの思いと重ねるかたちで視野に収めた、配慮をなすこころをつくりだす創造」なのである。みずからの欲望を断念することより、他者の福利を思い遣る、他者の存在の大切さを慈しむ気持ちが、私たちの在り方の中核になる。

抑うつとその本質

喪の悲哀と異なる抑うつの本質は、被害感情であり、喪の悲哀の過程の渋滞・挫折の産物であり、その過程からの逸脱が発生している。

そこには、ふたつの因子がかかわっている。ひとつは直接の因子である。すなわち、そのとき体験した〈対象喪失〉を哀悼 *mourn* できないことの結果である。もうひとつは間接の因子であり、先に述べた乳児期のふたつの態勢期での最初の**喪の悲哀の仕事**——**抑うつ態勢**のワークスルー——が不全であったために、このたびの喪失体験が扱えないのである。この二因子の性格が、のちに述べる種類の精神病理現象としての抑うつの質を決定するのである。

抑うつは喪の哀悼の過程の逸脱である

それでは、喪の悲哀の過程の逸脱とは何か。

それは「喪の哀悼の過程を、対象喪失の悲哀の感情（抑うつ不安）[コンテインド♂]をこころ[コンテイナー♀]に置くこと」として視覚化するとわかりやすい。

　悲哀の感情——およびそれにまつわる思考——をこころに置き続けておれないとき、その主体は（抱く万能空想において）それらの感情をこころの外に排出し、その感情をこころにはまったくないものとしようとする。つまり、現実に従う〈二次過程〉で対処することを放棄し、快・苦の感情に従う〈一次過程〉空想での処理を実行する。

　しかしながら、程度の差こそあれ、すでに乳児の発達期としての**抑うつ態勢**を経験しているこころは、そのはたらきにおいて、（統合失調症に認められる）完全に〈一次過程〉で作動する急性精神病状態にはとどまれない。このため、その現実原則を保持したこころの機能が本来的には優勢なために、（万能空想ではすべて排出したはずであったが、現実にこころの在るものとして、いわば）それらの感情はこころに回帰してしまう。だがそれでも、こころは知覚された喪の悲哀を受け容れることを、無意識的もしくは意識的に拒絶する。そのため主体は、回帰したもの——抑うつ不安（悲哀感・罪悪感など）——を、無理に押し込まれたものとして被害的に体験する。

　よって、抑うつは、「回帰した喪の哀悼に、被害感情が加味されたもの」としてこころに存在している感情なのである。

抑うつの質

　抑うつの質については、幾らかの識別が可能である。それは、抑うつを呈する病理現象の鑑別と言い換えることもできる。これらの病理の重篤さに最も影響を与えているのは、前述してきた、乳児期の「妄想‐分裂態勢」と「抑うつ態勢」の達成度である。それに、発病時点での体験される喪失の質と量が抑うつ症状に彩りをもたらす。

抑うつの病理は、臨床上、三種に分けられる。

　ひとつは「精神病性うつ病」である。その質は部分的にではあるが、圧倒してくる被害感覚において統合失調症の急性期と重なる。コンテイナーとしてのこころは崩壊し、悲哀の感情をもたらす現実世界は拒絶される。主体的自己は妄想‐分裂世界へ退避するため、懲罰的な迫害対象に取り囲まれる。その結果、悲哀などの抑うつ不安は霧散し、迫害がおもに体験される。

　この対極にあるもうひとつは、「パーソナリティ病理に基づく抑うつ」である。その本質は、パーソナリティ病理からの複数の精神症状のひとつとしての抑うつである。コンテイナーとしてのこころは形を保っているが、悲哀や罪悪の感情は、そのこころから能動的に排出される。その結果、対象喪失から発生する抑うつ不安は、喪失を強要する対象による自己愛的自己の傷つき、それらの対象から**押しつけられた迫害的罪悪感・悲哀感**として体験される。

　そして三番目に、躁うつ病を含む、単一的な病としての「うつ病」がある。これは、伝統的に内因性うつ病と呼んでいた特有な症状経過をたどる抑うつの病態である。乳児期の発達病理（すなわち抑うつ態勢の完遂不全）に基づく、コンテイナーとしてのこころの脆く通気性を欠いた硬直化がある。ゆえに、対象喪失の悲哀・怒りからの離反があり、**万能的**に無力・罪悪の感情を抱く。躁状態ではその反転が生じ、**万能的**に有能・爽快な様子を呈する。

　これらの抑うつの病理やこころのダイナミクスについては、以下の【表12】を参照されたい。

a. 精神病性うつ病

症状 昏迷、(罪業/卑小/貧困) 妄想、精神運動興奮、焦燥、拒食、強い行動制止

こころの力動 コンテイナーとしてのこころの崩壊
  悲哀をもたらす現実世界からの全面的離反／拒絶
   ⇒ 妄想－分裂世界への退避——懲罰的な迫害対象に取り囲まれる
    ⇒ 悲哀感は霧散し、迫害に変性する

対象関係 自己愛同一化した自己と対象の喪失
   ⇒ 自己非難 (すなわち、対象非難)、無の感覚

こころの発達史 妄想－分裂態勢の潜在的優勢と抑うつ態勢の初期での渋滞

b. うつ病［躁うつ病を含む］

症状 抑うつ感、強い自責、思考と行動の制止、
 定型の日内変動、躁転 (躁的防衛の作動)

こころの力動 コンテイナーとしてのこころの脆い硬直化 (柔軟性・通気性の欠落)
  悲哀・怒りの感情からの離反
   ⇒ 万能的に無力感、罪悪感を抱く・深く潜在する被害感
  躁状態では、悲哀感情からの離反・反転
   ⇒ 対象喪失の否認・抑うつ感情の拒絶
    ⇒ 爽快感・勝利感・有能感という《万能的躁的幻想》へ

対象関係 よい対象の喪失に反応した、破壊的な対象と自己の自己愛的一体化
   ⇒ 自己が非難される

こころの発達史 抑うつ態勢前半のワークスルー不全に基づく
  悲哀感情に触れることの困難さの残存
   ⇒ それが、喪失をあらかじめ防衛する、もともとのモラル的な
    硬い生き方、内なる理想への厳格なこだわりを持つパーソナ
    リティの形成をもたらしている

c. パーソナリティ病理に基づく抑うつ

症状 易変しやすい抑うつ感、不定的な日内変動、傷つき感、虚しさ、
 顕在化しやすい被害感、行為の障害 (ひきこもり、自傷、過食、多量服薬、嗜癖、反社会行為、性倒錯・乱脈他)

こころの力動 こころのコンテイナーとして機能の停止・放棄
  こころからの悲哀感情の能動的な排出

対象関係 対象喪失の悲哀≒喪失 (を押しつける対象) による
 自己愛的な自己の傷つき、迫害的な罪悪感・悲哀感　／押しつけられた・強いられた罪悪感
 抑うつを体験する自己の排除⇒ 離人感

こころの発達史 抑うつ態勢後半に達しているが、ワークスルーが未完でもちこた
  えられない

表12. 抑うつ状態の臨床区分

Ⅲ
乳幼児における喪失とその対処
―― 抑うつ態勢 ――

　成人の対象喪失における**喪の哀悼の仕事**とその病理現象をみてきたが、やはりその仕事の原型を築く機会である乳幼児期の**抑うつ態勢**【表14】に目を向けることは不可欠である。それは、"対象の不在"という事態が〈対象喪失〉の体験として現実化する過程を目撃することでもある。

態　　勢 Position

　「態勢」という概念は、組織化されたこころの配置 configuration であり機能形態である。つまり特定の機能を果たすこころのあり方、構えについてのものである。それは、不安、その不安を扱う心的メカニズム（防衛メカニズム）、対象関係、感情、思考など、その態勢に特異的なそれらからなるひとまとまりのこころのコンステレーションをもつ。
　この「態勢」にはふたつの質があり、とくにその病理に着目してクラインは、〈妄想 - 分裂態勢〉【表13】と〈抑うつ態勢〉と名づけた。妄想 - 分裂 paranoid-schizoid は名称どおり、妄想性不安とそれに対応する分裂機制がこの態勢の中軸に位置することを指している。一方、抑うつ態勢は、抑うつ不安（悲哀・罪悪・無力・絶望など）が中軸にあることを指している。

これらの名称に、前者では精神病（とりわけ統合失調症）、後者ではうつ・躁うつ病をクラインが念頭に置いていたことは明白である。精神分析が健康学ではなく臨床実践を通して病理を扱う方法であるとのその根本に由来する命名であった。しかし表に示しているように【表13】【表14】、この「態勢」は病理に限定されず、その本質に健康な発達的局面を内包している。

こころの発達局面

〈妄想‐分裂態勢〉は、まだまとまりきれず断片化するこころの混沌を脱し、安心できる内的対象世界を確立する局面であり、〈抑うつ態勢〉は、その内的世界をまとまりのあるひとつの世界にしていく局面である。メタ心理学的に見るなら、全体の局面は、〈一次過程〉が優勢なこころの状態から〈二次過程〉優位に移行するプロセスである。これらの「態勢」の進展においては、主観的な体験感覚に基づく空想が支配的であるところから客観的な事実の認識が徐々に拡大していくのだが、それでも、情緒が刺激されることで、主観的な空想が席捲してしまうことがたびたび起こる。

こころの構え

また、乳児心性として見出されたこの二つの「態勢」は、乳幼児期の発達としての〈妄想‐分裂態勢〉から〈抑うつ態勢〉へという進展を意味するだけでなく、その後の人生の瞬時瞬時でのこころの構えも意味している。つまり、それは人生全体という長期的にも、あるいはその瞬時にも反復するものである。ふたつの「態勢」のもつ性質の詳細は表にあらわしているところ【表13】【表14】だが、"対象の不在"が〈対象喪失〉として真に体験されるのは、〈抑うつ態勢〉後半においてである。

乳児の主観的空想をおもに表したメラニー・クラインの論述に従えば、〈妄想‐分裂態勢〉の時期、とりわけ乳児の心的発達の早期にお

いては、満足を授ける乳房の存在は「よい対象」から「よいもの」をとり入れる体験であり、一方、その乳房の"不在"は「悪い対象から破壊的に攻撃され、反撃の攻撃を向ける」という同害報復の体験である。このどちらかでしかなかった。すなわち"対象の不在"は、苦しめてくる悪い対象の存在であった。

しかし、〈抑うつ態勢〉が形をなし始めるとき、乳児の体験の質が変わる。乳房が目の前に存在していようと不在であろうと、それが同じ対象、すなわちひとつのまとまった対象／全体対象 *a whole object* であることが、乳児に認知されてくる。これは、断片的な自己がつながってまとまっていき、また知覚や身体運動などの生理機能の向上がもたらすものである。

---

(1) 生後1,2Wから3ヶ月に妄想-分裂態勢は確立される
(2) 欲動論的には、死の欲動（破壊・攻撃欲動）が
　　　　　　生の欲動（愛情欲動）より優勢である。
(3) 不安：破滅（絶滅）不安と迫害不安：
　　　　　　解体-破滅の感覚→　破滅の不安→　（妄想性）迫害不安
(4) 具体的な三次元的な内的世界（心的空間）が成立する。
(5) 断片化している対象や部分対象が棲む。
(6) こころのメカニズム：
　　　　分裂機制 schizoid mechanism
　　　　スプリッティング、投影同一化、原始的理想化。
　　　　口や肛門や消化管のように具体的に、呑み込み、排出するこころの働き方。
(7) この position のコンステレーションの中軸：
　　　　迫害不安（妄想性不安）＋ 部分対象関係 ＋ 分裂機制
(8) 自己愛的一体化（自他の未分化）の発生：　病理としての自己愛対象関係
(9) 情緒：　安心感、満足感、破局-崩壊感、破壊的憎しみ、羨望
(10) 付随する発達：
　　　　よい自己の確立、断片化から部分統合へ、母親機能のとり入れ
(11) その臨床状態としてのさまざまな精神病状態、
　　　　　　とくにパラノイア、統合失調症
(12) ふたつの側面：病理性と健全発達
(13) 発達後のこころの構えとしてのPs（妄想-分裂的構え）　　Ps ↔ D

表13. 妄想-分裂態勢 Paranoid-Schizoid position の要素

その結果、乳児のこころに生じてくるのは、「悪い対象と感知して乳房／母親を破壊してきたことで、よい乳房／母親が損傷を負っており、ゆえに乳房／母親の死や衰弱によって乳房を失うのではないか」との対象喪失の怖れである。あるいは「すでにその対象を破壊し喪失してしまっているのではないか」との恐怖である。それは、「不在の乳房が、致死的な傷つきゆえに、もはや戻ってこないのではないか」という怖れである。少なくとも主観的な空想という乳児の心的現実においては、乳児は乳房を破壊し続け、その乳房は無残な姿か、もはや死んでいるそれなのである。

　この対象喪失の怖れ、対象喪失の事実に、乳児が本格的に向かい合う時期が、〈抑うつ態勢〉なのである。対象の喪失を防ごうと、乳児は乳房／母親の致命的な傷つきを修復しようと、もしくは償おうと努め格闘する。同時に、「修復できそうもない」との無力や絶望の感情、

（1）生後3-6ヶ月から1年に、乳児のこころに抑うつ態勢は確立される
（2）欲動論的には、生の欲動（愛情）が死の欲動（破壊・攻撃）より優勢になり、死の欲動をその内に包含しようとする。
（3）抑うつ不安が中心の不安：　　悲哀、罪悪、絶望、無力
（4）象徴が活動する内的四次元世界の確立：
　　　　時間の観念と抽象化できる世界への発展
（5）部分対象関係が全体対象関係へ推移する：　全体対象と全体自己
（6）こころのメカニズムの洗練化
　　　　口や肛門や消化管のように具体的に働くことをやめ、想像的・抽象的に働く。
　　　　いわゆる防衛機制とよばれる水準の働き方ができる。
（7）この態勢のコンステレーションの中軸：
　　　　抑うつ不安 ＋ 全体対象関係 ＋ より洗練された心的メカニズム
（8）自他の分化、自己と対象の分離の確立
（9）情緒の成熟：　悲哀、罪悪感、思い遣り、償い、贖い、感謝
（10）現実吟味が高まり、行動から考えることへ
（11）その臨床状態としての精神病性うつ病・うつ病・
　　　　パーソナリティ障害・神経症、そして健康とされる人
（12）ふたつの側面：病理性と健康な発達
（13）発達後のこころの構えとしてのD（抑うつ的構え）　D ↔ Ps

表14．抑うつ態勢 Depressive position の要素

さらには罪悪や寂寥や悲哀というこころの痛みを感じる。そして〈対象喪失〉をめぐるこれらの感情と思考は、離乳という、現実に母親の乳房を失う体験によって頂点に達する。

Caesura
―― 対象の不在と妄想 - 分裂、抑うつという両態勢 ――

　しかしながら、"対象の不在"という視点から乳児の発達を見たとき、〈妄想 - 分裂態勢〉と〈抑うつ態勢〉のあいだには、「印象深い区切り／中間休止 caesura が、私たちに思い込ませているよりも、はるかに多くの連続性が」〔Freud,S. 1926〕そこにある。
　〈妄想 - 分裂態勢〉と〈抑うつ態勢〉の質の相違は、〈妄想 - 分裂態勢〉前半期と〈抑うつ態勢〉後半期を比較するなら、その違いは際立っており、それが前述の【表13】【表14】に提示した内容を構成している。だが、その中間の時期――〈妄想 - 分裂態勢〉後半から〈抑うつ態勢〉前半にかけて――は、それらが推移しているときである。分離と融合、前進と後退がその領域に繰り広げられている。ここでは、"不在の対象"が「幻覚された悪い対象」から「よい対象の不在」へと変わるその区切りに注目することになる。
　それは、「考えられる思考」を手に入れたときに大きく規定されるように思われる。すなわち、［β要素］水準の思考――それは実際には考えるのではなく、受動的な立場に置かれている主体が、［β要素］という思考（もの自体）を外界のものとして、家具を動かすように具体的に取り扱うことだが――から進展して、［α要素］への思考の変換・生成がなし遂げられたときである。ことばにはならないものながらこころに置いて考えられる原始的な思考である［α要素］が、外界の事象を私たちが私たちの内側で主体的に検索する機会を提供する。すでに第二部／Ⅲ「ない乳房の発見」に記述したように、こころが空間と時間を組み込むことへの基盤をつくる。こうして、考えるという機能が活動する。

α 機 能

　それでは何が［α要素］の生成をもたらすか。それは、母親／乳房の提供する［α機能］である。

　乳児が排出する苦痛な感覚——飢えや暑さ、身体の痛み——という、もの自体［β要素］をコンテインし、それらに固有の意味を読み取る母親／乳房の［α機能］を通したかかわりは、〈妄想 - 分裂態勢〉がかたちづくられる以前に始まる。それらの［β要素］が母親のもの想い *reverie* のなかで考えられる思考——すなわち「概念」「前概念」に成熟する原始思考である［α要素］——に変形されるのだが、その母親の［α機能］を乳児がより確実に自分のなかにとり入れることができるのは、理想的なよい母親対象が乳児に十分に確立されてのことであろう。

　〈妄想 - 分裂態勢〉のほとんど始まりから「よい対象」は存在しているが、それは小さな泡のように、現れては消えてしまう小片のような対象であった。（磁石のプラス極とマイナス極それぞれに砂鉄が集まるように）その断片的な対象がそれぞれに連結していき、その結果、スプリッティングが「よい対象」と「悪い対象」の分割を確実になし遂げたときに、その準備が整う。つまり「悪い対象」との関係が前面で体験されているときには消滅しているようでも、「よい対象／よい乳房」が存在することは確実になっており、母親との交流も確実になっている。それゆえ、母親のよいものは一段と精力的に、乳児のなかにとり入れられる。そこに［α機能］は含まれる。

　この対象の確実な分割が成立する時期は、心的発達過程でみるなら、〈妄想 - 分裂態勢〉の後期に入った時点あたりと見られる。
　［α機能］の乳児によるとり入れは、乳児のなかでの［α要素］の生成を格段に高める。この結果、乳児のこころに貯蔵されていく［α要素］という「思考／コンテインド」は、「考える機能 *thinking*／コンテイナー」に発達を強くうながす。よって、〈妄想 - 分裂態勢〉の後半

期に［α要素］水準の思考は乳児のなかでより旺盛に生成され始め、さらに考える機能の発達にうながされて、［α要素］のコンスタントな連接から、より成熟した思考が生まれ始める。

　こうして乳児は、［夢思考・夢・神話］水準の物語性の思考を持ち始めるだろう〔Gridの表を参照〕。そしてそれが、乳児が知覚している乳房の不在を考えることを前進させ、「ない乳房」という連接されたα要素を考えるようにする。「あるよい乳房」と「ないよい乳房」があることにつながりをつくることで認識させる。さらにどちらかであることが、乳児の好奇心をかきたてる。この事態が〈妄想‐分裂態勢〉に始まるとしても、それはほとんど〈抑うつ態勢〉の入口とも見なせるであろうことは、あらためて述べるまでもない。

　考える能力が高まることは、フラストレーションにもちこたえる能力が高まることである。またその逆も真である。そして、そこに「乳房がない」という連なった思考が生成される。主語と述語が含まれる、**物語れる思考**である。すなわちここにおいて、乳房の不在が主体の内部での「思考の操作」というかたちで確実に取り扱われる。また乳房は、「よい」と「悪い」が連結しているひとつにまとまった全体対象となっている。だからこそ"不在"が成立するのである。そうでないなら、よい対象の不在は、悪い対象の存在となるままである。

　ここからの展開については、**抑うつ態勢**の項で述べたところである。そこから、大半の乳児にとって初めてで不可避な不在の体験――離乳（恒常的な乳房の不在）――に至る。"対象の不在"を喪失として本格的に認識することが始まる。**こころの抑うつ態勢がワークスルーされていくのである。**

　こうして現実化していく対象喪失の怖れ、さらには対象の喪失がどこまで乳児のこころによって避けられることなく直面され、そのこころの痛みが味わわれるかによって、成長後に**喪の哀悼の仕事**をどこまで遂行できるかが規定されるのである。

Ⅳ
喪の哀悼が実行できるための態勢

　ここまでにおいて、喪の哀悼の過程とその体験の質を規定する基盤となる抑うつ態勢をみてきた。そこでは、喪の哀悼がなし遂げられていくためには、"対象の不在"が思考として主体のなかで考えられることが必要であることをすでに述べている。それは、喪の哀悼の健全な成就という「こころの成熟」にかかわる鍵を握っている。ゆえにあらためて考察することになる。

対象喪失と思考
―― 考えられないという否認 ――

　喪の哀悼の過程を、完璧とはいかないがそれが「こころの成熟・進展」につながるところまで、その過程をやり遂げるには、それ相応に必要な準備がある。
　まず、対象喪失――すなわち"不在"――が感知され、それとして認められる必要がある。それは、その対象がいること、共に過ごした体験を思い浮かべられるだけではなく、その対象が「いない」とのことも確実に思い浮かべられねばならない。"対象の不在"が気づきのなかに保持されねばならない。

　　　二人暮しを長く過ごした母親を病気でなくしてしまった女性は、母

親が暮らした部屋のあらゆるものを、その死後もまったく扱わず、まったくそのままに残していた。それは、そこにいまも母親が過ごしていると思える光景だった。そしてその部屋には彼女は決して近づかなかった。この女性には、母親がもはやいないことは考えられないもので、部屋がそのままにあることは、そこに母親がいることであった。その母親の存在は、その部屋に行かないことで確かにされるものだった。
　また彼女は、母親が好んでいたものをまったく食べなかった。このことは、死んだために好きな食べ物を食べられなくなっている母親その人として、彼女が具体的に生きていたことであった。だから、死んだ母親は、彼女を通して生きているのであった。これは具体的な行為での死んだ母親への償いであって、その死を考えるものではなかった。そして彼女は何かがあると、「これをお母さんに話さなきゃ」と、生きている母親を思い浮かべた。
　しかし精神分析過程のなかで彼女は「母親がいないのは受け入れられない」と語るようになり、この時点では、彼女は母親がいないことを考えられないが、そのことはもはや不可避に知っていた。それは、ことばにならない悲しみの感情が突然に湧き上がってくることに表わされていた。ここでは母親という対象の喪失は言語的には考えられないままであるが、「受け入れられない」と語るその背後に確実にあった。すなわちことばにはならないが、思考化され始めていた。すなわち、母親の不在がこころに置かれるものになってきたのであった。[a 要素水準の思考]

　このように〈対象喪失〉が体験されるには、外界の事象そのものから「思考」として内在化されねばならない。そして、考えられなければならない。「内在化」は、喪失をこころが取り扱うためには不可欠である。そうでなければ、九州の大宰府に流されそれを恨みながら死んだ菅原道真が、死後、京の町に災いや悪疫を撒き散らしたように、対象の喪失は、具体的な外界のできごとのままである。そしてそれは、忘れ去ろうとしてもそうはさせず、報復してくるものとなるのである。「四谷怪談」のお岩さんも、復讐の生きた幽霊である。
　この発達段階の乳児にそうした"対象の不在"が認識されたとき、その結果、前述したように私たちのこころにさまざまな苦痛な感情、すなわち〈抑うつ不安〉が生まれる。また、こころの痛みを体験する

この事態は、そこまでこころが発達している以上、もはや避けられないものでもある。これらの感情の取り扱いはどのようにしたら可能だろうか。

　それは、これらの感情が回避されずに味わわれ、吟味され続けて可能となる。すなわち、感情が生の知覚された感覚データのままではなく、それを表わす適切な思考と結びついて「内在化」される必要がある。悲しい、つらい、寂しい、申し訳ない、孤独だと、こころの体験として意識化されることである。その意識化は、失われた対象への思いを高める。それは、思慕・郷愁の感覚とともに、罪悪感・悔いの感情も高める。そこには、償いたい、できるだけ修復したいとの思いが強くなる。

　しかしその対象は失われているのだから、直接に実際的な償いや修復をすることはできない。しかしまた、こころを焼き尽くすような罪悪感や悔いも放置できない。それらは対処されねばならない。では、どうできるのか。その困難な事態と原始的対処は、第三部／Ⅰ「対象喪失の対処」に著わした。さらにそこでも述べたように、それを可能にするのは象徴機能の活用、象徴の使用である。

思考と象徴

　象徴に関しては、「対象の喪失の対処」の章において具体象徴と象徴表象について解説しているが、ここで簡潔に振り返ってみる。

　"対象の不在"が認識されているとき、不在という「負の存在」を考えるには、その表象物が必要となる。それが思考であった。表象されたもののうち、視覚要素が優勢でそれを残存させているものが〈象徴〉である。そこにおいて外界の事物——たとえば、自由の女神像・白い鳩——が、自由な米国・平和といった理念を象徴するが、それは具体象徴である。［夢思考・夢・神話］水準からなる物語と視覚イ

メージで構成される思考のなかの象徴——たとえば、夢のなかの自由の女神や鳩は、象徴表象である。思考が成熟すると、視覚イメージは記号化され、1・2・3…という数字、?・!・△といったように抽象化され記号性の象徴となる。象徴は、思考と同様に、象徴されている本来のものはそこには"不在"であることを含んでいる。

　ちなみに象徴等価物（類象徴）*symbolic equation* という用語は、"対象の不在"のゆえに、機能することになった象徴が、その対象そのもの、もの自体という具体物に戻った病理現象を表している。精神分析中のある統合失調症の男性は、彼の胸のなかに磔のキリスト像があることを語った。そして、それがまわりの人たちに透かして見えるので、まわりの人たちの顰蹙を買い、そのキリストのように彼も磔にされるのではないかとの激しい恐怖を語った。こころは胸という具体物になっており、彼の高貴さを象徴するキリスト像も具体物となっており、周囲の攻撃は磔にするという具体的なかたちをなしていた。"対象の不在"という認識が消滅してしまうところに、象徴等価物の病理がある〔Segal,H. 1979〕。

　ここで象徴とは何かについて少し述べる必要がある。
　〈象徴〉とは、現実の対象とそれを体験している主体とのあいだに入って存在する「第三の対象」である。この第三の対象は、それ自体が視覚的に認められる対象——像・イメージ・記号として——であると同時に、別の対象を表わしている。この三者は、それぞれにつながりがあるのだが、独立した対象として位置している。
　喪失について、これらを見ていく。主体である私は、母親を亡くしている。現実の具体的対象だった母親は、具体的な形態は変形し、遺骨として存在する。だが私にとっては、象徴化されたかたちでも存在している。本来は木材である位牌、私のなかの視覚的残像からなる内的イメージ、文字という記号からなる戒名というそれぞれが、異なる水準の象徴であり、木材、視覚像、文字であることは私に認識されているが、象徴であることをそれらは妨げない。

それでは〈象徴〉と〈思考〉の関係はどのようにあるのか。

ビオンが〈思考〉をその生成を踏まえて分類したグリッドを活用すると、いくらか整理がしやすいところもある。〈思考〉の成熟をカテゴリー化したグリッドの縦系列でのβ要素、α要素、夢思考・夢・神話、前概念、概念、コンセプト、科学的演繹体系、代数計算式は、象徴等価物、具体象徴、象徴表象、記号性の象徴の順と並列する。【表15】

〈思考〉と〈象徴〉が本来的な役割を果たすのは、具体性が欠落したあとである。こころのなかで扱われるものとしての〈思考〉であり〈象徴〉であるところから、現実吟味という重要な作業が遂行できる。つまり、思考は［α要素］以降の思考であり、象徴は［象徴表象］以降のそれである。この両者が活動することで、こころの世界が無限の拡がりをもつことになる。

〈思考〉は体験を認知するために、またその認知に基づいての対処を検討するために利用される。後者に力点を置くなら、〈思考〉は、フロイトが述べているように、外界でとる行動を事前に内界で前もって細かにシミレーションする活動ということもできる。しかし〈思考〉は、体験を認知することを、体験の構成要素を内的に再構築しプロセスする作業によってなし遂げようとする。体験は、本質的には視覚や聴覚、触角などを経由する感覚的なものであり、「怖い」「まぶし

象徴系列の水準	文字系列の水準	思考の水準
		（グリッドに従う）
（外界の）事物（具体物／もの自体） 　　　　　象徴等価物 　　　　　具体象徴		ベータ要素（A）
↑外界のもの		
↓内的世界のもの（こころのなかのもの）——考えられるもの		
		アルファ要素（B）
	表意文字	
象徴表象（イマーゴ、象徴イメージ）		夢思考・夢・神話（C）
		前概念（D）
抽象性の象徴（記号）	表音文字	概念・コンセプト（E, F） ・科学的演繹体系・計算式（G, H）

表15. 思考と象徴

い」「わかった」などの情緒で反応されるため、その認知は本質的に情緒的なものである。他方、象徴はそれ自体が直観的に理解できる何かを表わしている。

そうであるから、〈象徴〉が連結した〈思考〉のなかに適宜置かれるとき、体験についての理解の深まりと情緒とが、ほどよいバランスに保たれ、生きている真のものとなりやすい。

喪の仕事の遂行での 思考と象徴の役割

すでにこの第三部の初めにも述べたように、対象の喪失の対処には大きく分けると二つの筋道がある。ひとつは、具体的な方法であり、もうひとつは思考や象徴を使う方法である。

より原初的なこころは具体的な対処法を使う。

喪失を感知したとき、その人のなかにはさまざまな感情が一挙にうごめく。それらは、その高まった感情を排出するための行動にその人を駆り立てようとする。それが、具体的な償いや取り戻し、報復の行為となる。それらは、**喪の行為**といえるかもしれない。

しかしながら〈対象喪失〉体験からの感情は、一挙に処理して終わりうるものではない。それがカタルシス的になされる場合があるにしても、多くではそれらの感情は感じられ続けるものである。一連の行動で完全に処理してしまったという空想は、早晩、またたびたび破られるのである。悲哀や絶望、恨みは繰り返し湧き上がってくる。「抑圧されたものの回帰」である。それでも、処理してしまったという空想に浸っておこうとしているとき、回帰は被害的に体験され、抑うつとなることはすでに述べたところである。

このように、行為だけでなし遂げようとする喪の仕事は、部分的な

達成——あるいは挫折——に終わってしまう。この喪の哀悼をなし遂げるために、思考や象徴が必要とされる。

象徴は、それが使用されないときには喪失されたそのもの自体に対処するしか方法がなかった喪の哀悼を、失われた対象を象徴している別の対象に置き換えることをなす。それは、喪を哀悼する機会を時間的空間的に広げる。それだけではない。その対象が抽象化もされうることで、哀悼する作業自体もさまざまな行為に見出されることになるし、何より内的な作業に置かれる。このことによって象徴が思考と協働して、喪の哀悼を内的に進める手筈が整えられる。

こうして象徴とその作業をともに進めるのが、思考とそれを考えることである。対象喪失を哀悼するとき、喪失の感覚や感情の勢いに押し流されるのではなく、そこにはやはり現実認識が必要である。思考（とそれを考えること）の関与によって、哀悼の感情をそのまま表出する行為だけに終始するのではなく、それらの感情の性質を吟味し理解し、その感情にもっとも適切で、かつ現実的な哀悼の表出が構築される。

みずからの現実とは何か。それは私たちが生きていることである。そしていずれ私たちも死ぬことである。そこにおいて私たちが生きていないことには、哀悼も修復も償いもできない。哀悼は、喪失した対象を私たちのなかに生き続けさせることであるが、それは、私たちが生きていることでできることである。これらの現実が思考し続けることによって認識されていく。また、こころのなかでの哀悼のために象徴がはたらく。

V
精神分析臨床における
対象喪失と喪の哀悼
—— 抑うつ不安のワークスルー ——

　精神分析家を訪れる人たちは、それが意識されているにしろ無意識のままであるにしろ、何らかの"不在／喪失"が**こころに収まりきれない**ためにやってきている。それが身体的に表現されているにしろ、あるいはこころに抱かれる苦悩や苦痛、さらには迫害と体験される事態にしろ、さらには反社会的行為や病的行動として現れているにしろ、そうである。
　そして、分析のなかで彼らが語り表わしていくもの、彼らの在り方のなかに、徐々に、ときとして急速に、"喪失"の体験が露わになっていく。もしくは、それが露わになることを必死に食い止めようとするはたらきが活発化する。
　前者においては、その悲しみが、怒りが表される。絶望が高まり、それは底なしのようでもありひどく怖れられる。そうした彼らに対応している精神分析家には希望が向けられる。その"喪失"をすっかり**補修してくれる**、あるいは**もっとよいものをもたらしてくれる**という期待である。もしくは、喪失にかかわる罪悪感や傷つき、後悔をすっかり**癒してくれる**と感じられる。ここにも期待がある。
　しかしながら、精神分析が続行されていてもそれは起こらないこと、喪失はそのまま存在していることに彼らは気づく。むしろ精神分析家は、**喪失そのものに目を向け続ける**ことをさせようとしているようである。それは、大いなる落胆であり、怒りを生む。分析家は無慈悲に彼らの傷口を開き、傷を深めようとしているのではないかと疑わしく

なる。もしくは、分析家とはただ無能なだけの人に過ぎないのではないかと軽蔑を感じる。ここで彼らは、「喪失の感覚」「喪の悲哀」を分析外の行動で対処しようと試みたりする。それはまた、分析家が気づき、指摘するところとなる。こうして喪失とその喪はふたりのあいだにとどまる。

　いまや分析家の在り方こそが、彼らに希望や安心だけでなく、絶望や悲しみ、憎しみを感じさせている。しかしそれでも、みずからのなかに"喪失"は存在しているのである。こころのなかで"喪失"を感知し考え、排除し呼び戻す。実感されているこころの痛みはなまなましく頂点に達する。破局が怖れられる。

　こうして感じ考えている彼らは、分析家とのあいだでも期待を喪失していることに気づく。それに分析家も気づいているようである。それはふたりのあいだで語られる。その事実が分かち合われる。そして、それは分析家がどうにかできるものではない。どうにもならない。ただ、それがさらに痛ましくなってしまうのでもない。奇妙にも、むしろどこか肩の荷が降りた感じさえある。だから結局、「みずからがその喪失を喪失としてこころに置くしかない」と彼らは気づき始める。それは、弱いだめな自分ということの証のようなのだが。

　しかしあるとき、そうした弱くて卑小な彼ら自身のようであるにもかかわらず、分析家とのあいだには、それまでと変わりのない、むしろ動揺の少ない関係が築かれていることに、彼らは気がつく。そのつながりに揺るぎはない。また、喪失はそれとして受け止めると、怖れていた破局ではなく、確かに鋭いこころの痛みはあるが、過去のひとつの出来事としてこころに収まることに気づく。それはひどく悲しくあるが、どこか安らぎもある。失ったものは確かにあって、それは悲しい。だが、それだけではなく、この"哀しみの体験"を通して得ているものもあることが、あらためて目に入ってくる。

　そう。その喪失体験からこそ、得たものがあることにも気がつく。それは生きていることの喜びと悲しみの細やかな機微である。生きていることの大切さである。また、それは実際、**普通の人の普通のこと**であることがわかる。そして、分析家も普通の人であるし、悲しみは

悲しみにちがいなく、怒りは怒りにちがいない。

もうひとつの例
―― 喪失の否認が強いとき ――

　似て非なる例を述べよう。
　その彼らにとっては、"喪失"は露わになってはならないものである。たとえ喪失が語られているとしても、その喪失は強いられたものであり、そもそもあってはならないはずのものである。だから、その喪失がないものとして収まるようにすることが、分析家に要求される。
　すぐにわかってくるのだが、それに分析家は応えられない。それどころか、分析家は喪失を露わにしようとしているようである。これは彼らの信頼への裏切りである、と彼らは分析家を憎む。激しい攻撃で破壊しようとする。ここにおいて破局を体験するのは、分析家の方である。彼らは何も落ち度はないのであり、落ち度は周りにあり、分析家のみにある。
　しかしながら分析家が示している喪失も確かに感じる。けれどもそうなら、自分の人生はまったくの失敗で、これまで時間の無駄使いをしていたにすぎない。さらに、その自分は無価値な人間にすぎない。底なしの絶望に入り込んでしまいそうな思いが圧倒してきそうである。こう思わせる分析家が、精神分析が間違っていると、彼らはますます分析家を憎むようになる。その憎しみは分析家への怒りの爆発となる。対決だ。そしてすべては廃墟になってしまうようだ。
　しかし彼らがふと気がつくときがある。これまで自分に喪失や不利益をもたらす人間に怒りを向けては、そのたびにそのつながりは途絶えてしまった。自分の周りにはほとんど誰もいない。しかし分析家とのあいだは、いまだ続いている。これは、自分が来てお金を払うから相手しているだけなのか、それとも何か隠されている下心があるのか、それとも、自分と会うことに何か満足するところでもあるのか。わからない彼らは、考えさせる分析家をあらためて憎む。

しかしこうして憎むことは、さらに喪失すること——分析家を喪失すること——になるのではないかとの怖れが自分のなかにあることに気づく。そしてどうやら、喪失することばかりを怖れていた、それを必死で防ごうと周りの人たちを憎み拒絶していた、それが、じつは喪失を引き起こしていた。いま分析家といることは、じつは喪失していないことであるし、そうした急な喪失が今は起こりそうにもないと彼らは感じる。ただ、自分のふるまい次第では、分析家を喪失してしまうかもしれない。ここにおいて、過去の喪失が何だったのかと彼らは思い巡らし始める。それがじつは自分自身が招いていて、自分の方が人を傷つけていたことを知る。ここに、悲しみが始まりそうである。

精神分析の終結

　精神分析でのふたつの過程を描いたが、その終わりは、精神分析の"終結"としてふたりに分かちあわれる。

　"終結"によって、ふたりは会わなくなる。終わりに向かう過程に、いまいる。それは、まさに"喪失"の過程である。悲しい寂しい道のりを歩むのだが、ここには拒絶や放棄はない。ともに歩んでいる別れの道行きである。こうした**人と分かち合われる別れ**は初めての体験かもしれない。

　分析家は終わってせいせいしているのではないか、もうすでに次の分析対象に目を向けているのではないか、との疑念は湧く。しかし同時に、いかなる人間関係も独占できるものではないこともわかっている。弟や妹に母親の乳房、父親の膝を譲ることは、自然の成り行きである。けっして完璧ではないが、これまで得たものもある。思えば、人生はこうあるはずだと思うようにあることだけを当然と見ていた。しかし人生は、いま生きて体験していることの積み重ねである。そして、いま分析が終わるときにいる。悲しい。寂しい。けれども、明日も普通に生きている。

対象喪失の"喪"を意識的にか無意識的にそれとして知覚できる人にとっての精神分析の作業とは、どこかで滞ってしまっていた"喪の哀悼"の過程を、それとして精神分析のふたりのあいだで推し進めていく過程なのである。喪の哀悼が真になし遂げられて初めて、その人の在り方に深みが加わり、こころの細やかな襞(ひだ)が生きてくる。そしてその人自身が、自分が自分として生きていることを理解できる。

結　論

本書においては、こころの生成と成熟にとっての本質的で不可避な体験としての"対象の不在"を、精神分析臨床経験での認識から探究した。

　ここに結論を要約する。
　"対象の不在"を認知する過程は、「そこに無いもの」という存在と、主体にとってのその意味を見出す負の作業である。それは、こころの健康な生誕にかかわる。そして、その認知のうえでの対象の喪失を受け容れる"喪の哀悼の仕事"は、こころの健康な成熟にかかわる。
　この連続するふたつの過程は、人が人として生きていることの本質を築くための、こころの作業プロセスである。これらの過程には、〈思考〉と〈それを考えること〉の両者の発達が必然的に関与している。
　精神分析臨床とは、何らかの原因によって不全の事態にある、"不在"をめぐるこころの作業プロセスを全うする機会を提供し、その作業の進展を支援しようとするものである。

　もう一度、述べなおしてみよう。
　犬や猫が夢見るように、こころは野生の形態で産まれ出ることができるもののようである。**野性のこころ**が人において、その生を人として生きるための核として位置づくには、外界対象との体験の内在化、とりわけ外界の現実を踏まえた体験の内在化が必要である。それを「心的現実化」と言い換えることができる。
　主体の原初体験における外界の現実には、外界の対象によって欲求の満足が供給される「正の現実」と、充足が得られずフラストレーションの苦痛を体験する「負の現実」がある。この後者の実体験が、"対象の不在"である。

前者「正の現実」は容易に心的現実化されうる。外界対象は満足の快感と連結し、**野性のこころ**にとり入れられる。それは、こころの〈一次過程〉と呼ばれる。この「快」に基づく内的対象関係は、こころによいものを充たし、安らぎを産み出す。ここでは心的現実化は、成されているものの外界と内界の識別は、基本的に必要とされない。
　後者、満足を供給する対象の不在という「負の現実」は、**野性のこころ**に苦痛を味わわせる。すでに機能しているこころの〈一次過程〉は、対象の不在をとり入れようとはせず、外界を変形しようとする。苦痛／不快をもたらす対象の幻覚の発生である。しかし、こころが健全に生成されるためには、外界現実がそのまま認知されねばならない。外界の変形は、本質的に苦痛を増大させていくだけであり、こころを崩壊させるからである。「負の現実」は、回避されずに内在化されなければならない。それには、人が使用できるこころの機能の開発が不可欠である。
　「負の現実」が回避されず苦痛にもちこたえられているとき、それをとり入れることがなし遂げられる。それは、新しい機能を内包するこころの〈二次過程〉の使用による。内的な産物である、そのまま「負の体験」を内在化しそれを現実的にプロセスできるための原始的な思考と、それを考える機能である［α機能］を外的母親対象に補ってもらうことによってである。こうして「負の現実」がそのまま内在化されることで、こころはようやく、人としての健康な発達の基盤を形成する。
　このように、〈思考〉と〈それを考えること〉が、"対象の不在"という現実を認知するという**こころの健康**に必須である。そして同時に"対象の不在"は、〈思考〉と〈それを考えること〉の発生に必須な体験である。そこから、発生した原始思考が意識的に考えられる思考の水準まで成熟し、それと並行して、考える能力も高まることももたらす。
　この展開において重要なことは、こころが健康に発達するためのこの過程を、主体がひとりで為すのではないことである。そもそも〈欲求〉の満足には、外界対象は不可欠である。続いて〈考えること〉に

結論

おいて、それは外界の母親対象に依拠してもいる。この結果"対象の不在"は、〈欲求〉と〈考えること〉という両面にかかわる"対象の不在"に変形する。それは、対象の不在が〈二次過程〉的なそれになることである。それを〈対象喪失〉と概念化している。

　すなわち、この性質の"対象の不在"が確実に認知されていなければ、〈対象喪失〉はそれとして体験されない。臨床場面においては、事態としては〈対象喪失〉ととらえられる状況——明白な例は、事故による多数の死が発生したときの多くの家族の立場——であっても、それは実際には、内的には"対象の不在"という〈二次過程〉化以前の課題に直面している状況でありうる。

　主体に実感された〈対象喪失〉は、その必然として、「喪」の過程にこころを導く。この「喪の過程」をそのままに生き抜くこころの作業が、"喪の哀悼の仕事"である。この仕事のより十全な遂行には、成熟した象徴と思考が必要である。"喪の哀悼の仕事"がなし遂げられるとき、対象の不在／喪失という負の体験をもとに、認知の拡がりや情緒の潤いが獲得される。また**経験から学ぶ**という能力を備える。すなわち、そこに、こころの成熟が認められる。

　ここに導かれる知識は、次のようである。健康なこころの達成——生誕、発達、成熟——は、"対象の不在"という苦痛な体験を現実のそれとして受け容れていくことの達成にかかっている。そして、それは生涯を通して、私たちが出会い、向かい合うことでこころの成熟の機会を手に入れ続けられる過程なのである。

あとがき

　精神分析臨床での新たな視点と技法を実感しようとしているようだ、との内的衝迫を私はいま感じている。それが、私にとっての新たな進展なのか、それとも崩壊に向かう破局の始まりなのかは、私にはまだわからない。ただ、それはまさに本書を書き著している過程に発生してきた。すなわち、"不在"を考え続けることから生まれてきたのである。

　面接室においては、私たちはいつももうひとりの誰か、アナライザンド、クライエント、患者と呼ばれる人といる。だから、そこではふたりは存在している。すでに存在しているのだから、わかりきったことにできる。しかしながら私たちが彼／彼女の語ること、そこでの在り方、そこに持ち込んでいる空気をそのまま感知し続けているなら、じつはその人が"不在"である、あるいは私たち自身が"不在"である、という心的世界に生きているという局面を考えられるようになる。

　じつは、このことは何も新しいことではない。私たちとともにいるその彼／彼女には**とっくに当たり前のこと**なのである。ゆえにそれを私たちにずっと表してきたのである。精神分析臨床においてはこのように、私たちはいつも莫大な時間をかけて、ようやく当たり前のことに気がつく。

　おそらくほんとうのところは、こうしたことに気がつかないでも、ほとんどの人は一見――まったく一見にすぎないが――何事もなく生きていくのであろう。ただ私たちは、それは数からいけばわずかで、

しかもその声は聴き取れないほど小さな声かもしれないが、この気づきが当たり前すぎて考えられないために、生きることが苦しすぎるものになっている人がいることを知っている。

　どうしてなのか、いまだ私にはわからないのだが、幼い子どもの頃にラジオかテレビで聴いた（私の人生においては、ラジオは気がついたときには存在していたが、テレビは生の途上に出現したものである）と思える「義を見て為さざるは、勇なきなり」ということばがずっとまとわりついてきた。このことばが私にまとわりついていることを私自身がはっきりと意識したのは、四十代後半に入ってからではなかったかと思う。気づく前もこのことばは、社会生活において私が判断することを強いられる機会には私にはたらきかけてきていたことにも、気がつくことになった。

　このことばはもともとは中国の古文書のものだろうが、私は知っているが（といって確かめたわけではないが）、新撰組の近藤勇が決断を下してある状況に入り込むときに発した発言である。私は近藤勇も新撰組も意識的に好きと思ったことはない。むしろ胡散臭い印象がある。しかしこのことば「義を見て為さざるは、勇なきなり」は、私をとらえて放さなかった。確かに、私の子ども時代には"義"ということばは普通にあった。しかし私の身近には"義"を振りかざす人はいなかったように思う。

　人生を振り返ると、そう生きてきたところはある。そう生きられなかったときもある。そしてもちろん、いまの私は、"義"ということばを額面通りはとらえていないし、むしろ懐疑の対象にしている。

　　　　　　＊＊＊＊＊＊　　　＊＊＊＊＊＊　　　＊＊＊＊＊＊

　本書では、"不在"という**体験そのもの**を探究している。臨床家であるとき、必然的に検討することになる不在に関与するための精神分析技法に関しては、機会をあらためて述べたいと思っている。

本書は薄い著作ながら、内容的に重複した記載が少なくない。それは、"不在"についてのより確実な理解を読者にもたらしたい、と私が望んだ結果である。重複が理解によいかたちで貢献してくれることを願っている。またその一方で、ていねいには説明されていない概念や記述箇所もある。それは、考えの道筋がそれすぎないことを私がこころしたためである。これらの表現方法が私の意図する目標を達成しているかは、読者が判断されるであろう。
　ビオンによって導入された概念や理論の説明不足は『精神分析体験──ビオンの宇宙』〔岩崎学術出版社〕での記述を参照していただきたい。その背景にあるクラインの考えの大筋は『対象関係論を学ぶ──クライン派精神分析入門』〔岩崎学術出版社〕に記述している。臨床経験が少なかったり、クラインやビオンの精神分析に馴染みが薄い方は、それらを読まれて本書に向かわれるほうが、新しい理解を自分のものにできるだろう。
　ここに提示している臨床ヴィネットにおける精神病や抑うつ状態、パーソナリティ障害の精神病理やこころの力動過程の詳細については、それぞれ「精神分析臨床シリーズ」〔金剛出版〕の『精神病の精神分析的アプローチ』『抑うつの精神分析的アプローチ』『パーソナリティ障害の精神分析的アプローチ』に挿入している総説を参照していただくとより理解が深まると思う。

　"対象の不在"に関する私の形成中の思索は、この三年ほどのあいだに幾つかのセミナーや研究会で提示して討議していただいた。また大学の学生や院生にも提示してみた。これらの機会に私のなかの未熟で荒ぶれた思考を消化しようと努め、何らかのかたちで私にフィードバックしてくれた諸氏に感謝する。そこから学ぶことは多く、さらに考えを広げ深めることが私にできたと感じている。そしてもちろん、こうした精神分析に生き、感じ考えることを続けることができたその背景には、精神分析を介在として、あるいはそれとは関係なく、私をコンテインしてくれている多くの方たちがおられる。ここに、こころからの感謝を表したい。

カバーの装丁には、相田信男先生にお願いして、それに見合う写真を提供していただいた。かなりのご負担をおかけしてしまったに違いないのだが、満足するとともに感謝の思いは尽きない。本書の本質にある感情を正確に表わしていただいたように思う。
　いつもながら本書も、専門書に携わる編集者の尽力なしには形をなしえなかった。創元社編集部・津田敏之さんの力に感謝したい。今回はとくに私の独善的な要望を聞き入れてもらった。

　そろそろ終わりにきたようである。さて、灯かりを消して、扉を閉めよう。'Blue in Green' はいまだ小さく流れているのだが……。

松 木 邦 裕

文　献

Bion, W. 1962: *Learning from Experience*. William Heinemann Book, London.　福本修訳『精神分析の方法 I』法政大学出版局 1999.

Bion, W. 1963: *Elements of Psycho-Analysis*. William Heinemann Book, London.　福本修訳『精神分析の方法 I』法政大学出版局 1999.

Bion, W. 1965: *Transformations*. William Heinemann Medical Books, London.　福本修・平井正三訳『精神分析の方法 II』法政大学出版局 2002.

Bion, W. 1967: *Second Thoughts*. William Heinemann Book, London.　中川慎一郎訳『再考：精神病の精神分析理論』金剛出版 2007.

Bion, W. 1970: *Attention and Interpretation*. Tavistock Publications, London.　福本修・平井正三訳『精神分析の方法 II』法政大学出版局 2002.

Bion, W. 1973: *Brazilian Lectures, 1*. Imago Editora, Rio de Janeiro.

Bion, W. 1974: *Brazilian Lectures, 2*. Imago Editora, Rio de Janeiro.

Bion, W. 1994: *Clinical Seminars and Other Works*. Karnac Books, London.　祖父江典人訳『ビオンとの対話、そして最後の四つの論文』金剛出版 1998, 祖父江典人・松木邦裕訳『ビオンの臨床セミナー』金剛出版 2000.

Bion, W. 1992: *Cogitations*. Karnac Books, London.

Bion, W. 1997: *Taming Wild Thoughts*. Karnac Books, London.

Freud, S. 1895: The Psychotherapy of Hysteria. In *Studies on Hysteria. SE1*.　金関猛訳『ヒステリー研究』ちくま学術文庫 2004.

Freud, S. 1905: Three Essays on the Theory of Sexuality. *SE7*.　懸田克躬・吉村博次訳「性欲論三篇」『フロイト著作集5』人文書院 1969.

Freud, S. 1911: Formulations on the Two Principles of Mental Functioning. *SE12*. / Formulierungen über die Zwei Prinzipien des psychischen Geschehens. 1941 *Sigm. Freud Gesammelte Werke 8*. Fischer Verlag.　加藤正明訳「精神現象の二原則に関する定式」『フロイド選集10』日本教文社 1969. / 井村恒郎訳「精神現象の二原則における定式」『フロイト著作集6』人文書院 1970.

Freud, S. 1917: Mourning and Melancholia. *SE14*.　井村恒郎訳「悲哀とメランコリー」『フロイト著作集6』人文書院 1970.

Freud, S. 1926: Inhibition, Symptoms and Anxiety. *SE20*.　井村恒郎訳「制止、症状、不安」『フロイト著作集6』人文書院 1970.

Grinberg, L. 1992: *Guilt and Depression*. Karnac Books, London.

Joseph, B. 1988: Projective Identification. Spillius, E.B.（Ed）*Melanie Klein Today. vol.1*.

Routledge, London, 1988. 古賀靖彦訳「投影同一化」『メラニー・クライン トゥデイ①』岩崎学術出版社 1993.

Klein, M. 1946: Notes on Some Schizoid Mechanisms. ***The Writings of Melanie Klein. vol.3***. Hogarth Press, London. 狩野力八郎・渡辺明子・相田信男訳「分裂的機制についての覚書」『メラニー・クライン著作集3』誠信書房 1985.

Klein, M. 1952: Some theoretical conclusions regarding the emotional life of the infant. ***The Writings of Melanie Klein. vol.3***. Hogarth Press, London. 佐藤五十男訳「幼児の情緒生活についての二、三の理論的結論」『メラニー・クライン著作集4』誠信書房 1993.

松木邦裕 1979:「全生活史健忘にみる抑うつ要素について」九州神経精神医学 25(2), 152-157.

松木邦裕・西園昌久・福井敏他 1981:「全生活史健忘の臨床と精神力学的考察」精神医学 23(12), 1233-1240.

松木邦裕 1995:「Projective Identification について——日本語として受け入れられていくために」精神分析研究 39(1), 19-26.

松木邦裕 1996:『**対象関係論を学ぶ——クライン派精神分析入門**』岩崎学術出版社.

松木邦裕 1997:「意識されていない罪悪感,その後」精神分析研究 41(3), 183-193. 松木邦裕 2002『**分析臨床での発見**』岩崎学術出版社にも収録.

松木邦裕 2005:「フロイト『精神現象の二原則』論文を読む、再々読む、そして考える」精神分析研究 49(1), 10-16.

松木邦裕 2007:「『抑うつ』についての理論」松木邦裕・賀来博光編『**抑うつの精神分析的アプローチ**』金剛出版.

松木邦裕 2008:「精神病についての理論と精神分析技法」松木邦裕・東中園聡編『**精神病の精神分析的アプローチ**』金剛出版.

松木邦裕 2009:『**精神分析体験:ビオンの宇宙——対象関係論を学ぶ 立志篇**』岩崎学術出版社.

松木邦裕 2009:「パーソナリティ障害のメタサイコロジィ」松木邦裕・福井敏編『**パーソナリティ障害の精神分析的アプローチ**』金剛出版.

松木邦裕 2010:『**分析実践の進展——精神分析臨床論考集**』創元社.

Rosenfeld, H. 1971: Contribution to the psychopathology of psychotic states. Spillius, E.B.(Ed) ***Melanie Klein Today. vol.1***. Routledge, London, 1988. 東中園聡訳「精神病状態の精神病理への寄与」『メラニー・クライン トゥデイ②』岩崎学術出版社 1993.

Segal, H. 1979: On Symbol Formation. (in) ***The Work of Hanna Segal***. Aronson, N.Y., 1981. 松木邦裕訳「象徴形成について」『**クライン派の臨床**』岩崎学術出版社 1988.

Segal, H. 1991: ***Dream, Phantasy, and Art***. Routledge, London. 新宮一成監訳『**夢・幻想・芸術**』金剛出版 1994.

Winnicott, D. W. 1958: ***Collected Papers: Through Paediatrics to Psycho-Analysis***. Tavistock, London. 北山修監訳『**小児医学から精神分析へ**』岩崎学術出版社 2005.

索　引

インデックス項目のほかに
"考え"の視座を提供するキーワード項目を太字で掲げる
(括弧つきページ数字は「図表」中に、下線数字は「見出語」に、当該語が含まれることを示す)

ア　行

愛（自体〜・対象〜）　12
愛情　66, 83
　　〜欲動　(95)
愛着理論　82
哀悼　mourning　79, 86, 106
　　現実的な〜　106
　　喪に服する　83
贖い　74, (96)
アスペルガー障害　32-33
遊び・遊ぶこと　16, 18
　　子どもの〜　12
アニミズム的世界観　58
在ること　being　36
アルコール嗜好　31
α機能　(22), 50, 59-60, 63, 115
　　母親／乳房の〜　98
α要素　(22), 45, 47, 49-50, 54, 59,
　　97-99, 101, 104
あるもの　48
アンビバレンス　84
怒り　35, 86, 107, 109
生きているこころ　6
憤り　86
生きること（〜の空虚さ）　44
移行　15
　　〜空間　16

　　〜現象　16
　　〜対象　16
遺恨　75
意識　49
意識化　56, 60, 79, 102
意識化された心的機能　14
意識（的）機能　14
一次過程　primary process　9-10, 12-14,
　　17-18, 20-21, 27-30, <u>33-34</u>, 36, 50,
　　58, 73, 90, 94, 115
　　〜の放棄　34
　　〜の空想　90
慈しみ　87
イマーゴ　77
医療（〜行為）　i - ii
ウィニコット　Winnicott, D.W.　15
失われた対象　lost object　71-74, 76-79,
　　87, 102, 106
宇宙　51
うつ病　34, 84, 91-(92), 94, (96)
　　精神病性〜　84, (92), (96)
　　内因性〜　91
恨み　75, 86, 105
永遠の不在　71
押しつけられ　(92)
脅かしてくる対象　53
思い遣り　concern　88, (96)

カ　行

快 *pleasure* 27, 115
　　〜の獲得 21
　　〜の充足 65
　　〜の対象関係 33
　　〜をもたらす対象 iii, 28, 30
　　尿や便、ガスの排泄 8
外界
　　〜現実 38, 115
　　〜の出来事 70
外界対象 63, 77, 115
快活さ 86
快感（排泄行為による〜） 42
快感原則（快-不快原則）*Pleasure Principle (Pleasure-Unpleasure Principle)* 9, 13-14, 16, 18, 21, 27, 33-34, 89
　　〜の置き換え 12
　　一次過程 9
解釈 （22）
怪獣や猛獣 41
解体-破滅の感覚 （95）
解体の破局 37
外的
　　〜具体物 42
　　〜事実 73
　　〜迫害 70
概念・コンセプト 49, 55-56, 78, 98
　　前〜 56
回避行動 （15）
快-不快原則　→快感原則
壊滅 22
解離 17
　　〜性パーソナリティ障害 72
快をもたらす対象 iii, 28, 30
カウチ 32
科学 12
科学的演繹体系・計算式 （104）
可視的な宇宙空間 55

過食 17
葛藤をこころにおく 31
悲しい・悲しみ／哀しみ 79, 83, 85, 87, 101, 107-108, 110
　　〜の体験 108
構え 93
空［から］46-47
　　〜な空間 29
　　〜の間 30
　　〜の空間 29
　　〜の思考 29-(30)
空間 48
空隙［すきま］51, 53-55
考えたくない考え 45
考えられないこと （22）, 29, 100-101
考える
　　〜過程 12
　　〜機能／コンテイナー 29, 37, 40, 45, 50, 59, 63, 97
　　〜装置 29-(30), (49)-50
　　〜能力 99, 115
考えること *thinking* （14）, 34, 38, 40, 47, 50, 55-56, 59, 63, 70, 86, （96）, 114-115
　　〜の発達 （49）
考える人を必要としている思考 50
感覚 *sense*
　　〜素材 47
　　〜データ 102
関係
　　母親／乳房と乳児の〜 22
　　分析家とアナライザンドの〜 22
感謝 86, 88, （96）
感情 93
　　〜と思考 97
　　〜と思考の麻痺 86
カント *Kant, I.* 48
観念 60
記憶 12, 14
記憶力 30

飢餓　27, 35, 37, 45
　　〜の苦痛　41-42, 48
　　〜の増大　37
飢餓感　49
記号　(104)
儀式化　76
傷つき　96, 107, 110
期待　53, 65, 108
気遣い　88
奇怪な対象群　bizarre objects　28, 46
疑念　110
希望と絶望　64-66
教育　12
強迫　36
　　〜観念　55-56
　　〜行為　17
　　〜神経症　76
恐怖　75
恐怖症　36
拒絶　110
拒絶感　86
禁欲　73
悔い　79, 86, 88, 102
空間　space　48, 52, 54, 65, 67, 78
　　〜の出現　(49)
　　　空［から］な〜　29
　　　空白な〜　49
空間と時間　97
　　〜の成立　53
　　〜の発生　**51-53**
空虚さ（生きることの〜）　44
空想　phantasy　12, (22), 28, 31, 43, 94
　　　原初〜　7
　　　乳児の〜　21
　　　無意識の〜　18
空白　65
　　〜な空間　49
具体象徴　76, (104)
具体像　56
具体対象（悪い〜）　21

具体物　37, 51, 55-56, 59, 103
　　〜としての乳房　51
苦痛　ii, 8, 27, 59-60
　　〜にもちこたえること（能力）　ii-iii
　　〜の緩和　i
　　〜の現実化　33
　　〜の排出　8
　　〜の放散　14
　　〜を押し込んでくる悪い乳房の幻覚
　　　46
　　フラストレーションの〜　6, 19, 29,
　　　35, 37, 41-42, 45-46, 50, 58, 114
　　飢餓の〜　41-42, 48
　　喪失の〜　iii
クライン　Klein, M.　iv, 9-10, 17-19,
　　81-82, 93-94
クライン理論　iv, **18-20**
グリッド　Grid　16, 50, 56, 104
　　〜の縦系列　104
グリーフ・ワーク　81
経験から学ぶ　31, 88, 116
　　〜能力　88
芸術　12
軽蔑　108
劇化　41
欠如・空［から］　36, 62
幻覚　12, 14-(15), 17, (22), 28, 38,
　　40-41, 48, 50, 58, 71
　　悪い対象の〜　41
幻覚症　hallucinosis　41
幻覚対象　40, 48
　　悪い〜　41
原光景　55
健康を失うこと　83
幻視　40
原始思考　primitive thoughts　50, 54, 59, 98
現実　iii, 60, 67
　　〜吟味　(14), 30, 104
　　〜の拒絶　(15)
　　外界〜　12, 37, 115

現実化 realization　93
　　苦痛の〜　33
　　心的〜　114
　　先見的前概念の〜　49
　　正の〜　29, 48, 50
　　脱〜　86
　　万能空想の〜　19
　　負の〜 negative　48-49, 59
現実原則 Reality Principle　9, 12, 14, 16,
　　34, 67, 70, 90
　　〜の確立　89
　　快-不快原則　12
　　快感原則（〜の置き換え）　12
　　二次過程　9
現実検討機能の障害　11
現実世界　51, 91
現実とは何か　30
現実を考える　31
原始的な思考　37, 47, 49, 115
原初 primary
　　〜空想　7
　　〜状態への回帰　7
　　〜体験　35, 114
　　〜的な怖れ　82
　　〜的な（身体）活動　7, 13
原初的なこころの活動　17
幻想　42-44, 46, 48, 59, 71
　　〜の乳房　42
　　躁的〜　(92)
幻想からの展開　45-47
幻滅／脱錯覚　16, 42, 44, 46
行為の障害　(92)
後悔　107
攻撃　109
硬直化　91
極楽　27-28
こころ　**5-6**
　　〜という概念　7
　　〜の意識部分　53
　　〜の解体　50

　　〜の家具　30
　　〜の構え　94
　　〜の機能　115
　　〜の空間　56
　　〜の苦悩　ii
　　〜の健康　114-115
　　〜の硬直化　(92)
　　〜のコンステレーション　93
　　〜のコンテイナーとしての機能の停
　　　止　(92)
　　〜の作業　70
　　〜の装置　53
　　〜の組織化　82
　　〜の配置　93
　　〜の発達　94
　　〜の襞　79
　　健康な〜　116
　　原初的な〜　105
　　コンテイナーとしての〜　90-92
　　精神病の〜　72
　　断片化する〜　94
　　野生の〜　114-115
　　具体的な知覚される抽象物　5
　　三次元の空間領域　5
　　身体様式の活動　6
こころの痛み　66, 70, 85-86, 97, 99,
　　101, 108
　　他者の〜　88
こころの葛藤　(15)
こころの活動様式　13
こころの現象　9
こころの原初状態への回帰　7
こころの事実　40
こころの成熟　100, 114, 116
こころの部位　5
孤独　86
ことば　29, 79
　　通り過ぎる〜　32
　　愛情を込めた〜　46
子ども（〜の遊び）　12

孤立 39
コンテイナー／コンテインド container / contained （コンテイン） 21-23, 51, 90, 98
困惑 31

　　　　サ　行

罪悪 91, 93, 97
罪悪感 13, 72, 74-76, 79, 84-86, 88, 90, (92), (96), 102, 107
　　健康な〜 88
　　強いられた〜 (92)
　　迫害的な〜 88, (92)
錯覚 72
　　〜の利用 42
寂しい 110
懺悔 79
三次元空間領域 5
死 8, 32, 75, 77, 86, 101
　　〜を受容する過程 81
　　〜の欲動 95-(96)
　　母親の〜 44
自我
　　〜欲動 12
　　快感〜 12
　　現実〜 12
視覚 54
　　〜イメージ 55-56, 102-103
　　〜要素 78, 102
自家中毒 38
時間 29-30, 52, 54, 67, 78
　　〜の観念 (96)
　　〜の出現 (49)
　　〜の流れの認識 53
時間と空間 63
　　〜を内包する思考 54
　　内的な〜 30
自己

〜処罰 74
〜と対象の分離 (96)
〜のアイデンティティ 73
〜非難 84
自己愛 narcissism 91
　　〜対象関係 (95)
　　〜的一体化 (92)
　　〜的同一化 (92)
　　〜的な傷つき (92)
　　〜的な退避 85
　　〜的万能感 88
思考 thought 42, 49-51, 55, 59-61, 93, 100-101, 106, 114-115
　　〜が成熟する筋道 56
　　〜／コンテインド 98
　　〜の出現 (49)
　　〜と象徴 102
　　〜の進化 53
　　〜の水準 (104)
　　〜の成熟 56
　　〜の生成 63, 97
　　〜の操作 99
　　〜の発生 37, (49)
　　〜や感情 79
　　空［から］の〜 (30)
　　考えられる〜 97
　　考える人を必要としている〜 49
　　原始〜 50, 54
　　原始的な〜 47, 49, 115
　　時間と空間を内包する〜 54
　　象徴と〜 104, 116
　　精神病性の〜 56
　　先験的な空の〜 29
　　潜在 55-56
　　抽象 56
　　一言で表せる〜 56
　　魔術的〜 45
　　未飽和の〜 (22)
　　物語れる〜 99
夢 53, 56

索引　127

夢思考・夢・神話水準の〜　16,
　　54-55, 99, 102-103
思考化　70
思考／概念　29-30
思考／考えること　51, 53
思考の発生　48-51
思考を考えること　14, 51, 53, **55-57**
自己非難　(92)
自殺企図　32
事実　(22)
　　外界の〜　71-72
　　絶対的〜　85
　　内的な〜　71
思春期　8
自傷　7, 17
自責感　84
自体愛　12, 27
　　〜期　28
実感　60
失敗　83, 86, 109
失恋　86
「自伝的に記述されたパラノイア〜考察」
　　11
死の欲動　→死
自閉症性の病理　33
嗜癖　17
死別　83
思慕　79, 86, 102
謝恩　86
謝罪形式（社会の〜）　74
宗教　12
　　〜儀式　74
充足　7
　　幻覚的〜　7, 13
修復　76-79, 86, 88, 96, 102, 106
　　〜する能力　88
　　〜の衝迫　76
自由連想　18
シュレーバー・ケース　11
症状の除去　i

焦燥　31
象徴　51, 55, 102, 105-106
　　〜イメージ　77
　　〜機能　78, 102
　　〜系列の水準　77, (104)
　　〜対象　78
　　〜等価物 equation　77, 103-(104)
　　〜と思考　102, 104, 116
　　〜の使用　76, 102
　　〜表象　77-79, 102-104
　　記号性の〜　79, 103
　　具体〜　77-79, 102
　　異なる水準の〜　103
　　抽象性の〜　77-79
　　類〜 equation　103
象徴化　55
衝動
　　肛門的な〜　19
　　尿道的な〜　19
勝利感　(92)
症例ウルフマンの夢　55
神経症　12, 15, 34, (96)
身体
　　〜感覚　49
　　〜部分　42
　　原初的〜　7
　　母親の〜　44
　　筋肉活動　8
　　口や直腸・肛門やペニス　8
　　放出のための運動　7
心的
　　〜機能　9, 11-12, 14-15, 34, 50, 53
　　〜拒絶　83
　　〜空間　51, (95)
　　〜現実　96
　　〜現実化　115
　　〜事実　70
　　〜生産物　49
　　〜破局　50
　　〜発達　98

～メカニズム　93
進展　53-54, 56
信頼　87
心理療法　85
神話　55
スィーガル　Segal, H.　80
水準
　　C～　16
　　思考の～　(104)
　　象徴系列の～　(104)
　　文字系列の～　(104)
空隙 [すきま]　→空 [から]
スプリッティング　19, (95), 98
正　positive
　　～の現実　115
　　～の現実化　48, 50
成熟　51, 55
精神科医　39
精神病　14-(15)-16, 34, 46, 51
　　～状態　31, (95)
　　～性うつ病　84, 91
　　～性の思考　56
　　～のこころ　72
　　(非) ～部分　16
　　急性～　46
　　急性～ (状態)　90
精神病の病理　38
精神病理　17, 23
精神分析
　　～家　107
　　～外の行動　108
　　～過程　101
　　～経験・体験　i, 114
　　～史　81
　　～セッション　32
　　～の終結　110
　　～の目標　i
　　～臨床　i, iii
生の欲動　95-(96)
性欲動　12

「性欲論三篇」　7
摂食障害　7
絶望　72, 86, 93, 96, 105, 107
　　底なしの～　109
絶望感　76, 85
前概念　(30), 98, (104)
　　生来の～　48
　　先験的～　49, 60
潜在思考　55-56
全生活史健忘　72
全体自己　(96)
全体対象　95, 99
　　～関係　(96)
潜伏期　12
躁　91
　　～的幻想　(92)
　　～的防衛　86-87
躁うつ (病)　56, 91-(92)
爽快感　(92)
早期発達　23
喪失　71, 86, 91-92, 99, 105, 107-109
　　～の痛み　88
　　～の怖れ　110
　　～の過程　110
　　～の感覚　108
　　～の感知　86
　　～の苦痛　iii
　　～の憤怒　77
喪失感　86
喪失した対象　→失われた対象
喪失体験　86, 89
　　内的な～　73
創造　22, 80, 89
　　～活動　80
損傷　73-74, 96

　　　　タ　行

体験 (～の内在化)　114

索　引　129

退行　73
対象　27, 83-84　(→よい対象／悪い対象)
　〜の回帰　65
　〜の欠落　33
　〜の再獲得の断念　67
　〜の支配　19
　〜の修復　74
　〜の存在　28
　〜の不在　23
　新たな〜　85
　生きている〜　71
　失われた〜　→失われた対象
　脅かしてくる〜　52-53
　外界〜　→外界対象
　快をもたらす〜　30
　傷つけた〜　71, 76
　苦痛をもたらす〜（の幻覚）　115
　苦しめてくる〜　62
　幻覚〜　→幻覚対象
　現実の〜　103
　死んだ〜　71, 77
　全体〜　→全体対象
　第三の〜　103
　断片化している〜　(95)
　認知の〜　49
　部分〜　→部分対象
　満足を与えてくれる〜　62
　容赦ない〜　75
　読み取ってくれる〜　49
対象愛　12
対象関係　19, 93
　快の〜　32
　内的〜　115
対象関係論　81
対象喪失　*object loss*　iv, 63, 66, 70, 72-74, 78, 80-84, 89-91, 93-94, 100-101, 105-106, 116
　〜の受け容れ　86
　〜の怖れ　96, 99

　〜の事実　85, 96
　〜の悲哀　(92)
　〜の悲哀からの離反　91
　〜の否認　(92)
　〜の喪　111
対象喪失の発見　66
対象の不在　23, 29, 33, 48, 56, 58, 61-63, 65-66, 70-71, 80, 82, 93-95, 100-102, 114-116　(→不在の対象)
　〜の認知　59, 62
　外界の〜　62
対象の不在の願望充足的否認　41-42
対象表象（記号化された〜）　79
態勢 *position*（論）　82, 93-94
体内化／呑み込み *incorporation*　18
退廃　51
他者への非難　84
立ち直れない人　31
他罰　88
断乳　43
断片的な自己　95
知覚　14
乳首　45
知識　(30)
知的に高い人　29
乳房　28, (30), 35, 46, 82, 95, 99
　〜がある　53
　〜がない　53, 60
　〜の死　96
　〜の不在　(42), (49), 95, 99
　〜への期待　48
　具体物としての〜　51
　苦痛を与える〜（の知覚）　58
　幻覚の〜　58
　幻想の〜　42
　ない〜　→ない乳房
　満足をもたらす・与える〜　29, 58
　母親の〜　110
　理想的な〜　41, 45-46　(→よい乳房・悪い乳房)

治癒　i
　　症状の除去・苦痛の緩和　i-ii
注意　12, 14
中間休止　caesura　97
抽象思考　56
抽象性　42
抽象物　55
超自然　45
懲罰　74
　　〜的な迫害対象　91-(92)
つがう　mating　29
償い　74-76, 78-79, 86, (96), 101-102, 106
　　〜の行為　76-77
　　〜の達成　76
　　自己懲罰による〜　73
　　同害による〜　73-74
　　よいものの提供による〜　74
　　償う力　88
つながり　link　108-109
諦観　85
諦念　67, 86
D ↔ PS　(96)
天国　27-28
同一化　18, 72
投影同一化　iv, 10, **17-(22)**, (95)
　　具体的な〜　20, (22)
　　現実的な〜　21
　　大量の〜　41
同害報復　73, 95
統合失調症　28, 36, 72, 90, 94-(95), 103
独立性　42
弔う　78
とり入れ　14, 18, 59, 72, 98
とり入れ同一化　18, (22), 72, 84
貪欲さ　75

ナ　行

ない　48
内在化　18, 47, 59, 77-78, 101-102, 115
ない乳房　no breast　48-52, 54, 59-60, 99
　　〜がある　53, 60
内的
　　〜葛藤　31, 36
　　〜空間　41, 51
　　〜な作業　106
　　〜四次元世界　(96)
内的世界　28
　　三次元的な〜　(96)
内的対象　6
　　〜世界　94
　　よい〜　88
内閉状態　28
ないもの　48
ナルシシズム　43
憎しみ・憎む　109-110
二原則
　　〜間の移行　15
　　心的機能に関する〜　iv, 9, 11
　　精神現象の〜　11
二次過程　Secondary Process　iii, 9, 14, 17, 29, **33-34**, 50, 59, 63, 67, 70, 80, 82, 90, 94, 115-116
　　〜の導入　34
　　考える過程　12
二者間の交流　20
乳児　7, 13, 20-21, 23, 27, 29-30, 33, 35, 37, 46, 48, 50, 58, 63, 94, 98, 101
　　〜における不在の体験　36
　　〜の空想　21
　　〜のこころ　6, (96)
　　〜の心的発達　82
　　〜の排出行為　20
乳児期

索引　*131*

乳児の体験　27
乳幼児（期）　85, 93
人間の現象　15
認知　104, 115
　　〜の対象　49
　　〜の拡がり　116
　　〜の変換　36
呑み込み　(95)

　　　　　ハ　行

排出　expel　(15), 19, 90-91, (95)
　　〜（するための）行動・行為　(15),
　　　20, 105
　　心的〜　18
　　不快なものの〜　21
排出型の万能空想　10
排出すべき悪いもの　36
排泄（大便・尿の〜）　21
排泄行為（〜による快感）　42
配置　configuration　82
破壊・攻撃欲動　(95)
破壊的行動化　31
破局　catastrophe　8, 108-109
迫害　39, 66
迫害不安　(95)
白日夢　12
パーソナリティ障害　15, 34, (96)
発達制止　12
発達障害　32
母親　7, 19-20, 27, 32, 50, 103
　　〜の死　44
　　〜の授乳　38
　　〜の身体　44
　　〜の心的不在　36
　　〜の世話　13
　　〜の乳房　110
　　〜の不在　29, 101
　　〜の物理的不在　35

〜の病気や事故　35
〜の哺乳　45-46
〜のもの想い　98
〜の読み取り　20
受け手としての〜　21
外界対象である〜　59
母親／乳房　44
　　〜と乳児の関係　22
　　〜のα機能　98
破滅　38
破滅不安　(95)
パラノイア　(95)
反社会的行為　107
判断　12, (14)
万能
　　〜的充足空想　(14)
　　〜的除去・放散　(14)
万能感（〜の放棄）　88
万能空想／幻想　omnipotent phantasy / illusion
　　23, (42)-43, 45, 59, 90, 105
　　〜の現実化　19-21
　　無意識の〜　20
悲哀　sorrow, sadness　66, 85-86, 90-91, 93,
　　97, 105
悲哀感　90
　　押しつけられた〜　91
悲哀感情（〜からの離反）　(92)
「悲哀とメランコリー」　84
Ps ↔ D　(95)
ビオン　Bion, W.　iv, 10, 16, 20-21, 28,
　　50, 56
　　〜の不在　iv
被害感情　75, 89-90
ひきこもり　(15), 35
『ヒステリー研究』　ii
ヒステリーの身体化　17
悲痛　66
表意文字／表音文字　(104)
表象物　102
病的行動　107

病的退行　16
病理　94
　　〜現象　14, 19, 34, 51, 93, 103
負 negative
　　〜というパラダイム　48
　　〜の現実　114-115
　　〜の現実化　48-49, 59
　　〜の作業　114
　　〜の存在　102
　　〜の体験　115
不安　36, 93
　　迫害〜　(95)
　　破滅〜　(95)
　　妄想性〜　93
　　抑うつ〜　93, (96)
フェティシュ（〜的な倒錯対象）　42
不快
　　〜（なもの）の排出　8, 21
　　フラストレーションの〜　36
　　欲求不満の〜　29
不幸　ii, 75
不在 absent　35, 39, 57, 64-65, 103, 107, 114
　　〜である　53
　　〜の発見　64
　　（対象の）〜の否定／認知　37
　　対象の〜　23, 33
　　母親の〜　23, 101
不在という概念　53
不在の対象　52, 54, 59, 97
不在の（対象の）**認知**　48-58
不在の乳房　(49), 96
普通の人の普通のこと　108
部分対象（〜関係）　(95)
フラストレーション　23, 27, 30, 33, 114
　　〜に耐えられたこと　59
　　〜にもちこたえること（力）　40, 53, 56-57, 63, 99
　　〜の回避　48

　　乳房の不在の〜　(49)
プリオン　50
プレイ（アナリシス）　18-19, 41
フロイト Freud, S.　ii-iv, 6, 9, 11, 13, 15, 17, 20-21, 27, 51, 55, 81, 84, 104
フロイト理論　iv
分析家（とアナライザンドの関係）　22
憤懣　75
分裂機制　19, 93, (95)
β 要素　37, 40, 47, 50, 56, 59, 97-98, (104)
別離　83
変形　46
萌芽的思考　47
放棄　110
放散　7
　　運動による〜　12, 20
　　苦痛の〜　14
放出運動　13
茫然自失　86
報復　75, 77, 101
ボウルビイ Bowlby, J.　82
母国語　29
ポジション論　iv

　　　　マ　行

魔術的思考　45
交わり　51
マスターベーション　28
学ばないこと　43
満足（〜を与える乳房）　29
無意識　14
　　〜の記憶（追想）　13
　　〜の空想　13
無価値な人間　109
無感覚　86
無力　66, 86, 93, 96

無力感　76, 85, (92)
明記（表記）　12, 14
メカニズム
　　　～の洗練化　(96)
　　　より洗練された心的～　(96)
メタサイコロジイ　11, 13, 15
メタ心理学　94
妄想　14-(15), 17
　　　～性不安　93
　　　～世界　28
　　　～対象　28
妄想-分裂世界　91-(92)
妄想-分裂態勢　19, 82, 90, (92)-94-(95), 97-98
　　　～の後期　98
文字
　　　～系列の水準　77, (104)
　　　～表象　79
　　　表意／表音　77
喪の哀悼の仕事（過程）*mourning work*
　　　iv, 81-90, 93, 99-100, 105-106, 111, 114, 116
　　　～での正常な過程　84
　　　～の逸脱　89
　　　～の挫折　89, 105-106
　　　回帰した～　90
　　　原初的な～　85
　　　人生最初の～　82
もの想い　reverie　(22), 52, 61
　　　母親の～　98
物語（～の形態）　55
物語性　*narrative*　54
もの自体　*thing in itself*　16, 37, (42), 46, 50, 58-59, 97-98, 103-(104), 106
喪の悲哀　90, 108

　　　　　ヤ　行

夜驚　41

有能感　(92)
指しゃぶり　28
夢　16, 18, 55
夢思考　53, 56
　　　～レベル　56
夢思考・夢・神話水準（の思考・レベル）　54-55, 78, 99, 102-(104)
よい　36
　　　～自己（の確立）　(95)
よい対象　40, 65, 98
　　　～の喪失　(92)
　　　～の不在　97
　　　快をもたらす～　36
　　　内的～　86
　　　理想化された～（の幻想）　64
よい乳房　42, 82, 96, 98
　　　～の出現　38
　　　～の不在　36
　　　ある／ない～　99
よい母親　82
　　　理想的な～（対象）　98
妖怪や魔女　41
欲望　88
抑圧（～されたものの回帰）　105
抑うつ　17, 31, 36, 45, 105
　　　～感情　73
　　　～症　84
　　　～状態　44
　　　～の本質　89
　　　パーソナリティ病理に基づく～　91-(92)
抑うつ態勢　81-82, 90, (92)-(96)-97, 99-100
　　　～の完遂不全　91
　　　～のワークスルー　85, 89, 99
抑うつの質　90
抑うつ不安　90-91, 93, (96), 101
欲動
　　　愛情～　(95)
　　　自我～　12

死の〜　→死の欲動
　　性〜　*12*
　　生の〜　→生の欲動
　　破壊・攻撃〜　(*95*)
欲望　*35*
　　〜の断念　*89*
欲求
　　〜の充足　*58*
　　〜の満足　*63*
欲求不満
　　〜にもちこたえること　(*14*)
　　〜の不快　*29*
余白　*51*
喜び　*108*

　　　　　ラ　行

離人感　*86*, (*92*)
リストカッティング　*7*
理想化
　　原始的〜　(*95*)
　　原初的〜　*19*
理想化された乳房の幻想　*37*, *41*-*42*, *48*
理想的な乳房
　　〜の希求　*44*
　　〜の幻想　*41*, *46*
　　〜の幻想の現実化　*45*
　　〜の幻　*42*

離乳　*43*, *82*, *97*, *99*
リビドー　*12*
臨死患者　*81*
臨床体験　*31*-*33*, *38*, *43*, *60*
連結　link　*62*, *115*
連接　*51*, *54*, *60*, *99*

　　　　　ワ　行

分かち合われる別れ　*110*
詫びる　*78*
悪い　*36*
悪い幻覚対象　*41*
悪い対象　*40*, *44*, *54*, *64*, *66*, *96*, *98*
　　〜の幻覚　*41*, *64*
　　苦痛を与える〜　*36*
　　幻覚された〜　*97*
　　幻覚している〜　*46*
　　内的〜　*45*
悪い男性（苦しめてくる〜）　*39*
悪い乳房　*48*, *52*
　　〜の幻覚　*36*-*37*
　　〜の排泄　(*42*)
　　〜の破壊　*38*
　　苦痛を押し込んでくる〜（の幻覚）　*46*
　　幻覚されている〜　*37*, *46*
悪い内的対象　*42*

松木邦裕　著訳書に次のようなものがある

著　書
『分析空間での出会い』〔人文書院〕、『対象関係論を学ぶ』『分析臨床での発見』『精神分析体験：ビオンの宇宙』〔岩崎学術出版社〕、『私説対象関係論的心理療法入門』『摂食障害の治療技法』『精神分析臨床家の流儀』〔金剛出版〕、『精神病というこころ』『摂食障害というこころ』〔新曜社〕、『分析実践の進展』〔創元社〕。

編著書
精神分析臨床シリーズ
『摂食障害』『抑うつ』『精神病』『パーソナリティ障害』〔金剛出版〕。

訳・監訳など
ビオン『再考：精神病の精神分析論』・メルツァー『精神分析過程』〔金剛出版〕、ケースメント『患者から学ぶ』『あやまちから学ぶ』『人生から学ぶ』・ミルトン他『精神分析入門講座』・ガーランド編『トラウマを理解する』・ケイパー『米国クライン派の臨床』〔岩崎学術出版社〕、ストレイチー他『対象関係論の基礎』〔新曜社〕ほか。

著者略歴

松木邦裕（まつき・くにひろ）

佐賀市に生まれる〔1950年〕、熊本大学医学部卒業〔1975年〕。
九州大学医学部心療内科〔1975年-〕、福岡大学医学部精神科〔1978年-〕、タヴィストック・クリニック〔1985年-〕、福間病院〔1987年-〕を経て、精神分析個人開業〔1999年-〕。

京都大学大学院教育学研究科臨床心理実践学講座に在籍〔2009年-2016年〕。

日本精神分析学会会長〔2009年-2012年〕　日本精神分析協会書記（正会員・訓練分析家）
国際精神分析学会正会員
京都大学名誉教授
日本精神分析学会出版賞（小此木賞）受賞〔2016年〕

不在論
―― 根源的苦痛の精神分析

2011年11月20日　第1版第1刷発行
2018年10月20日　第1版第3刷発行

著　者 ………………………………………… 松木邦裕
発行者 ………………………………………… 矢部敬一
発行所 …………………………………………
　　　　　株式会社　創元社
　　　　　http://www.sogensha.co.jp/
　　　本社 〒541-0047 大阪市中央区淡路町4-3-6
　　　　　　Tel.06-6231-9010 Fax.06-6233-3111
　　　東京支店 〒101-0051 東京都千代田区神田神保町1-2 田辺ビル
　　　　　　Tel.03-6811-0662
印刷所 ………………………………………… 亜細亜印刷 株式会社

ⓒ2011 Printed in Japan
ISBN978-4-422-11523-8 C3011

〈検印廃止〉落丁・乱丁のときはお取り替えいたします。

JCOPY　〈出版者著作権管理機構 委託出版物〉
本書の無断複写は著作権法上での例外を除き禁じられています。
複写される場合は、そのつど事前に、出版者著作権管理機構
（電話 03-3513-6969、FAX03-3513-6979、e-mail: info@jcopy.or.jp）
の許諾を得てください。

創元社の既刊

分析実践の進展

精神分析臨床論考集

松木 邦裕

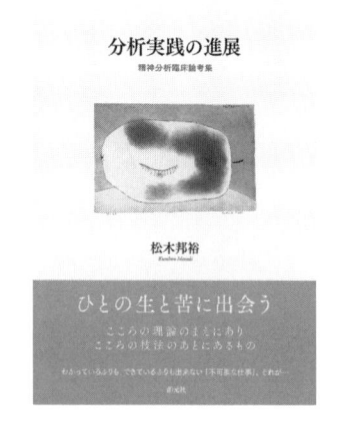

ひとの生と苦に出会う

こころの理論のまえにあり
こころの技法のあとにあるもの

わかっているふりも、できているふりも出来ない「不可能な仕事」、それが…

A5判上製・272頁・本体3,300円(税別)